Rainer Borsdorf

Juden in Thüringen

Vom Kaiserreich bis zum Ende der DDR

Titelbild: Jüdische Schüler einer Schulklasse in Vacha (bei Bad Salzungen) um 1922. Sammlung Olaf Ditzel, Vacha (Atelier Rupprecht)

Rainer Borsdorf, M.A., Historiker und Journalist. Mehr unter: www.juedischespuren.de

Anmerkungen: Ich verwende in diesem Buch der besseren Lesbarkeit halber durchgehend die grammatikalisch maskuline Form. Unter »Thüringen« wird stets das Gebiet des heutigen Freistaates verstanden.

Landeszentrale für politische Bildung Thüringen
Regierungsstraße 73, 99084 Erfurt
www.lztthueringen.de
2024

ISBN: 978-3-910740-19-8

Inhalt

Einleitung

Antisemitismus – gleich ob von rechts, von links oder muslimisch motiviert – ist ein Problem, und zwar nicht nur für die davon betroffenen Juden. Er untergräbt mit seiner Demagogie und Hetze die Grundfesten einer offenen, demokratischen Gesellschaft: »Die Juden haben einfach etwas Besonderes und Eigentümliches an sich und passen nicht so recht zu uns.« »Bei der Politik, die Israel macht, kann ich gut verstehen, dass man etwas gegen Juden hat.«

Diesen Sätzen stimmen in Thüringen – je nach Jahr und Fragestellung – bis zu 33 % der Bevölkerung zu. Nachzulesen ist das im »Thüringen-Monitor«, einer Bevölkerungsumfrage, die seit dem Jahr 2000 jährlich in Thüringen durchgeführt wird.

Beiden Aussagen und den hinter ihnen stehenden Menschen ist eines gemeinsam: Sie eint ein Unbehagen, eine Abneigung gegen alles, was als »jüdisch« angesehen wird – bis hin zum offenen Judenhass. Diese Abneigung und dieser Hass haben eine mehr als zweitausendjährige Geschichte, die mit der Vertreibung und Ermordung von Juden aus Jerusalem im Jahre 70 n.Chr. durch die römische Besatzungsmacht begann und sich im Antijudaismus der christlichen Kirchen – nicht zuletzt in den Kreuzzügen des Mittelalters – fortsetzte.

Ihren traurigen, mörderischen Höhepunkt fand diese Tradition im Nationalsozialismus, der mit der Shoah den staatlich organisierten Massenmord an Juden in ganz Europa vollzog – aus dem einzigen Grunde, weil sie Juden waren bzw. das NS-Regime sie dafür hielt. Häufig geschah das unter den Augen und mit dem Beifall großer Teile der örtlichen Bevölkerung – auch in Thüringen.

Doch auch nach 1945 hörte der Antisemitismus nicht auf: In der SBZ/DDR wie in ganz Osteuropa und der Sowjetunion herrschte ein ausgeprägter Antizionismus, und heute versteckt sich die Aversion gegen alles Jüdische gerne hinter »Israel-Kritik«.

Wie die Shoah sich im Einzelnen vollzog, ist bereits in zahlreichen Publikationen erörtert worden. Die vorliegende Publikation legt das Augenmerk stattdessen verstärkt darauf, wie Menschen jüdischen Glaubens in Thüringen lebten und welche teils herausragenden Leistungen sie fürs Gemeinwohl erbrachten. Schier unermesslich erscheint der Verlust, der durch die versuchte Auslöschung alles »Jüdischen« entstand.

Diaspora, Vertreibung und Wiederansiedlung: Vor der Gründung des Kaiserreichs

Vor der Gründung des Deutschen Kaiserreichs 1871 rührte die häufige jüdische Wanderschaft nicht nur von den wenigen erlaubten Berufen her, sondern auch vom fehlenden gesetzlichen Aufenthaltsrecht: Die deutsche Staaten konnten grund- und fristlos Juden ausweisen oder ihnen die Niederlassung verweigern. Bis Mitte des 19. Jahrhunderts durften sie daher in Städten oft überhaupt nicht wohnen – und auf dem Lande nur gegen Zahlung hoher Extrasteuern (»Schutzzölle«).

Wie kam es zur die jüdische Diaspora – d. h. der Zerstreuung aus dem biblischen Israel in die ganze Welt? Als im Jahre 66 n. Chr. jüdische Aufständische gegen die Zwangszahlungen der römischen Besatzer unter Kaiser Nero in Judäa und Galiläa (Teilen des heutigen Israel) aufbegehrten, kam es zum Jüdischen Krieg, der bis 74 n. Chr. andauerte. Den Römern unter ihrem Anführer Vespasian gelang es, den Aufstand niederzuwerfen. Anschließend zerstörten sie das wichtigste jüdische Heiligtum, den Tempel in Jerusalem, und nahmen grausame Rache: Vespasian ließ alle von ihm eroberten jüdischen Städte und Dörfer niederbrennen; die Bewohner wurden ermordet. Die Überlebenden wanderten anschließend größtenteils aus; ab dem Ansiedlungsverbot durch Kaiser Hadrian 135 n. Chr. waren sie dazu gezwungen – die jüdische Diaspora begann.

Für die Juden, die ins Heilige Römische Reich deutscher Nation auswanderten, lag der Schutz zunächst in den Händen von Königen und Kaisern, deren Leibeigene sie zumeist waren. Erst im Spätmittelalter wurde ihr Schutz den immer mächtiger werdenden Landesherren der deutschen Fürstentümer übertragen.

Über Jahrhunderte waren Juden vor allem als (Fern-)Händler und Geldverleiher tätig, was mehrere Gründe hatte: Spätestens ab 1179 bezeichnete die christliche Kirche das Zinsnehmen als »Verbrechen«. Grundbesitz, Landwirtschaft und zünftiges Handwerk waren Juden verwehrt. Und aufgrund ihrer häufigen Vertreibungen waren sie auf leicht zu transportierendes Vermögen angewiesen, also Geld oder Schmuck. Alle anderen, teils über Jahrhunderte bis heute kolportierten Behauptungen von einer »besonderen Affinität des Juden zum Geld« sind nichts als antisemitische Vorurteile.

Der ab ca. 1500 einsetzende Epochenwechsel vom Mittelalter zur Neuzeit hatte auch Auswirkungen auf die Juden in Mitteleuropa: Bis dahin hatten sie mehrheitlich in Städten – den Handelszentren – gelebt, wo sich auch ihre religiösen und kulturellen Zentren befanden. Doch innerhalb weniger Jahrzehnte wurden sie von hier massenhaft vertrieben. Sie wanderten zahlreich nach Italien und Osteuropa aus; einige ließen sich verstreut im ländlichen Raum nieder – ohne gemeindliche Strukturen. Das Judentum im Reich war dadurch lange Zeit in einer tiefen kulturellen und religiösen Krise.

In Thüringen vollzog sich eine ganz ähnliche Entwicklung: Nach dem Pogrom von Weißensee (1303) löste die Pest 1348/49 eine regelrechte Pogromwelle aus, die die Gemeinden in Erfurt und nahezu in ganz Thüringen auslöschte; die Überlebenden flohen nach Osteuropa. Noch um 1400 gab es immerhin 37 Orte mit jüdischer Bevölkerung – davon vermutlich 16 echte Gemeinden. Doch 1436 verfügte Friedrich IV. (»der Friedfertige«), Markgraf von Meißen und Landgraf von Thüringen, die Juden »auf ewig des Landes zu verweisen«. Hintergrund waren Naturkatastrophen sowie damit verbundenen Missernten und Hungersnöte, für die man nur zu gerne die Juden verantwortlich machte. Und nach einem erneuten Erfurter Pogrom um 1453 gab es nur noch 18 Siedlungen, davon drei Gemeinden.

Schon 1520 sind nur noch an einem einzigen Ort Juden nachweisbar. Auch Johann Friedrich »der Großmütige«,

Kurfürst von Sachsen, erneuerte 1536 und 1543 das Ausweisungsmandat. Bedingt durch die teils judenfeindliche Atmosphäre der Reformationszeit (auf dem Höhepunkt verfasste Martin Luther 1543 »Von den Jüden und ihren Lügen«), waren tolerante Ansichten gegenüber den Juden im 16. Jahrhundert die absolute Ausnahme unter deutschen Fürsten. So kam es, dass sich Juden tatsächlich für die nächsten rund 350 Jahre nicht in Thüringen ansiedelten. Versuchten sie es dennoch, wurden sie meist innerhalb kurzer Zeit wieder vertrieben, so im Eichsfeld 1625 und 1701.

Vereinzelt wurde Juden gegen ein Schutzgeld das befristete Bleiberecht gewährt, so in Hildburghausen (1680), Sondershausen (1695), Dreißigacker bei Meiningen (1716), Immenrode bei Sondershausen (1721) und Rudolstadt (1776).

Einzige längerfristige Ausnahme bildeten einige Dörfer im Südwesten Thüringens: Hier sicherten sich die Reichsritter ihr finanzielles Überleben, indem sie Juden gegen ein jährlich zu zahlendes »Schutzgeld« erlaubten, sich in ihren Dörfern anzusiedeln. Diese lebten dann meist dichtgedrängt in Gebäuden, die dem Dorfherrn gehörten; eigener Hausbesitz war nicht gestattet. So entstand ein Landjudentum, das teils bis Ende 19. Jahrhundert Bestand hatte. Zu nennen sind dabei die Orte Aschenhausen, Bauerbach, Berkach, Bibra, Gehaus, Geisa, Gleicherwiesen, Marisfeld, Schwarza (bei Meiningen), Simmershausen, Stadtlengsfeld, Vacha, Völkershausen und Walldorf.

Die rechtliche Emanzipation gestaltete sich äußerst langwierig: Nach der Besetzung großer Teile Deutschlands durch Napoleonische Truppen 1806 erhob der Code Napoléon die Juden zwar im *Preußischen Thüringen*, d. h. in Erfurt, Mühlhausen, Nordhausen und dem Eichsfeld zu gleichberechtigten Staatsbürgern, aber die übrigen Kleinstaaten nahmen die vom französischen Kaiser ausgesandten Zeichen einer »Gleichberechtigung für alle« nur zögerlich und teils widerwillig auf.

Wie reagierten die übrigen thüringischen Fürstentümer? Im *Herzogtum Sachsen-Meiningen* forderte 1811 ein

Alt-Meiningisches Patent, bevor man Juden alle Rechte einräume, »...daß sie sich durch bessere Bildung und eine veränderte Nahrungsweise hierzu erst gehörig qualificiren müssen.« Das entsprechende Gesetz wurde denn auch erst 1856 verabschiedet, und erst ab 1868 – dem Wegfall der Zuzugsbeschränkungen für die Residenzstadt Meiningen – gab es die nominelle Gleichberechtigung.

Das *Großherzogtum Sachsen-Weimar-Eisenach* erließ 1823 eine Judenordnung (1833 ergänzt), die Hebräisch selbst im Gottesdienst verbot. Immerhin wurde der sonst allgemein übliche »Judenleibzoll« (Juden wurden beim Grenzübertritt wie Vieh oder Sachwerte verzollt) abgeschafft, aber erst nach massivem Protest durch die Rothschild-Familie in Frankfurt/Main.

Das *Herzogtum Sachsen-Coburg-Gotha* erließ 1850 eine Judenordnung, die zwar noch keine vollständige, aber immerhin eine weitgehende Gleichstellung ermöglichte.

Die *Herzöge von Sachsen-Hildburghausen* hatten noch 1725 Juden aus ihrer Exklave Königsberg/Franken ausgewiesen, erließen 1814 aber ein Judenmandat. Doch in ihrer neuen Residenzstadt Altenburg verweigerten sie sich 1826 jeglicher Judenemanzipation und verfügten noch 1864 Zuzugs- und Handelsverbote. Ähnliches geschah in den *Reußischen Fürstentümern*.

Im *Fürstentum Schwarzburg-Sondershausen* erreichte ein 1815 erlassenes Gesetz ein ähnliches Niveau wie die erwähnten Judenordnungen. Jedoch hob noch 1841 ein Landesgrundgesetz die Beschränkungen für Juden nicht auf.

Das *Fürstentum Schwarzburg-Rudolstadt* verabschiedete 1856 ein »Gesetz zur Regelung der staatskirchenrechtlichen Stellung der Juden«.

Resümierend lässt sich sagen: Bei keinem der thüringischen Staaten kann von echter, fortschrittlicher Juden-Gesetzgebung gesprochen werden. Aus jeder Familie durfte nur ein Sohn heiraten, die übrigen wanderten vielfach in die USA aus. Der Staat schrieb außerdem das Anlegen von öffentlichen Mikwen und ortsnahen Friedhöfen vor; die jüdischen Gemeinden selbst hatten ihrerseits ein lebhaftes Interesse an der Errichtung von Synagogen und Schulen.

Wie entwickelte sich die Zahl jüdischer Einwohner in Relation zur Gesamtbevölkerung in dieser Zeit? Um 1800 lebten Juden auf dem Gebiet des heutigen Freistaats zumeist als Landjuden in Südthüringen, besonders in der Rhön. 1864 zählte man die bescheidene Zahl von 3.178 jüdischen Einwohnern. Bis 1871 wuchs sie nur unwesentlich auf 5.150 an, um 1910 ihren »Spitzenwert« von 6.124 Einwohnern zu erreichen. Doch auch das entsprach gerade einmal 0,3 % der Gesamtbevölkerung und stand in keinem Verhältnis zur antisemitischen Propaganda, die zu dieser Zeit in Thüringen schon in regelrechter Blüte stand. Durch Überalterung, Wegzüge und Gemeindeaustritte verringerte sich die Zahl jüdischer Thüringer bis 1925 wieder auf 5.453.

Mit der Erlangung der vollen Bürgerrechte setzte bei Juden eine Wanderbewegung aus den ländlichen Gebieten in die Klein- und später Großstädte ein – auch wegen der angestrebten höheren Schulbildung. Sie ordnet sich ein in die allgemeine Landflucht, die allerdings bei Nichtjuden erst etwas später einsetzte. In Thüringen lebten 1835 lediglich 20 % aller thüringischen Juden in den sechs Städten mit über 10.000 Einwohnern. Doch um 1900 waren es dann rund 70 %, die jetzt in den 18 größeren Städten lebten.

Ein Schlaglicht auf jüdisches Leben im 19. Jahrhundert wirft der Blick auf Hermann (Aron Naftali) Ehrlich (1813–1879). Ehrlich trat 1832 ins Herzogliche Lehrerseminar Hildburghausen ein, wo er u. a. (christliche) Religionslehre studierte. 1836 trat er eine Lehrerstelle bei der jüdischen Gemeinde in Bibra an, über die er sich schon bald bitter in Bittschriften an die Landesregierung beschwerte: Er habe eine »elende Wohnung«, der Schulraum sei nicht beheizbar, er sei zum »Wandeltisch« (d. h. dem Reihum-Essen bei Gemeindegliedern als Teil der Lehrervergütung) gezwungen usw.

Die Gemeinde ihrerseits machte ihm ebenfalls jede Menge Vorwürfe und betrieb die Schulschließung, nachdem ihm das

Herzogliche Konsistorium eine Gehaltserhöhung bewilligt hatte. Ehrlich ließ sich daher 1845 in eine andere Gemeinde versetzen, die ihn mit 175 Gulden jährlich relativ gut bezahlte.

Bürgerrechte und Emanzipation: Kaiserreich (1871–1918)

Ein einziger Satz war es, der die jahrhundertelange Diskriminierung von Juden im Deutschen Reich beendete: »Alle noch bestehenden, aus der Verschiedenheit des religiösen Bekenntnisses hergeleiteten Beschränkungen der bürgerlichen und staatsbürgerlichen Rechte werden hierdurch aufgehoben«, so hieß es im Gesetz, das der Reichstag des Norddeutschen Bundes 1869 verabschiedete.

Gleiches hatte 1848 schon die Frankfurter Nationalversammlung beschlossen, doch mit dem Scheitern der Revolution war dieser Beschluss hinfällig gewesen. Das Ende der offiziellen Diskriminierung, auch »jüdische Emanzipation« genannt, brachte den Juden in Deutschland einen ungeheuren Schub an Entfaltungsmöglichkeiten, die sie tatkräftig nutzten. Ab da können sie nicht nur mit vollem Recht »jüdische Deutsche« genannt werden – sie waren es auch in ihrem Selbstverständnis.

Gesellschaft und Migration

Das Kaiserreich war eine preußisch dominierte Monarchie. Zwar gab es mit Reichstag (gewählte Abgeordnete) und Bundesrat (Fürsten der 25 Bundesstaaten) de facto ein Zwei-Kammer-Parlament sowie einen Reichskanzler (u. a. Otto von Bismarck 1871–90). Doch das Amt des Kaisers stand ausschließlich dem König von Preußen zu, der in entscheidenden Bereichen (Außenpolitik, Militär, Entlassungen von Reichskanzler und -beamten, Auflösung von Bundesrat und Reichstag) das alleinige Sagen hatte. Zwar gab es eine Verfassung, aber der fehlte jeglicher Grundrechte-Katalog, sodass Juden kaum Aussicht auf Erfolg hatten, wenn sie gegen Diskriminierung Klage erhoben.

Eine »Reichsregierung« gab es zunächst nicht, und der Reichstag hatte außer beim Haushalt und beim Verabschieden von Gesetzen kein Mitspracherecht. Teils erbitterte ideologische Streits der Parteien prägten daher die Debatten; zu Kompromiss und Konsens waren die Parteien nur selten bereit, und den Blick auf gesamtstaatliche Belange gab es kaum. Erschwert wurde die Situation auch durch Organisationen wie den »Centralverein Deutscher Industrieller«, den »Bund der Landwirte«, den Deutschen Flottenverein (über 1 Mio. Mitglieder) oder den Alldeutschen Verband, die ab den 1880er-Jahren auf Abgeordnete, Reichskanzler und Verwaltung Einfluss auszuüben versuchten.

Hinzu kam ein ausgeprägter Militarismus, der in der Gesellschaft breit und tief verankert war, und den insbesondere Kaiser Wilhelm II. noch gezielt forcierte: Die Begeisterung für alles Militärische war ebenso ausgeprägt wie das Freund-Feind-Denken, und die Kriegervereine waren in ihrer Gesamtheit die größte Massenorganisation im Kaiserreich.

Die Gesellschaft war stark fragmentiert, und die Milieus scharf abgrenzt. Katholiken hier, Protestanten da, Christen und Juden, Religiöse und Atheisten: alte Gräben vertieften sich, neue rissen auf. Völkischen Kreisen gelang es, den ohnehin weit verbreiteten Antisemitismus noch zu verschärfen, besonders im akademischen Milieu. Die Thüringer Landesuniversität Jena spielte hier reichsweit eine sehr unrühmliche Rolle.

Interessant ist die Entwicklung der Zahl jüdischer Deutscher. Obwohl sie zwischen 1871 und 1925 um rund 100.000 zunahm, wuchs die Gesamtzahl der Einwohner im Deutschen Reich fast um die Hälfte an, sodass sich ihr – ohnehin marginaler – Bevölkerungsanteil noch weiter verringerte (Zahlen gerundet):

1871: 512.000 Juden – Gesamtbevölkerung: 36 Mio. – Bevölkerungsanteil: 1,4 %

1910: 615.000 Juden – Gesamtbevölkerung: 63 Mio. – Bevölkerungsanteil: 0,9 %

Von den rund 615.000 Juden (1910) stammten rund 90.000 aus Osteuropa. Sie waren zumeist vor den Pogromen geflohen, die ab 1881 nach der Ermordung des russischen Zaren Alexander II. einsetzten und bis 1914 anhielten. Von den deutschen Juden wurden sie mit gemischten Gefühlen aufgenommen: Neben enormer finanzieller, sozialer und politischer Unterstützung gab es auch Ablehnung. Nur selten vermischten sich deutsche und osteuropäische Juden.

Mit der Reichsgründung wuchs nicht nur die Bevölkerung drastisch an, sondern verließ in großem Ausmaß ländliche Gegenden und Kleinstädte – und damit Landwirtschaft und Kleingewerbe. Viele zog es in die größeren Städte, wobei vor allem junge, gut gebildete Juden diesen Migrationstrend – sehr ausgeprägt auch in Thüringen – ganz klar anführten. Und auch hier wie anderswo ging die Auswanderungsrate nun deutlich zurück.

Die Zahl ausländischer Juden in Deutschland war relativ gering, während zugleich ein Mehrfaches an deutschen Juden auswanderte. Meist ließen sie sich in Großstädten nieder – Erfurt gehörte nicht dazu. Nach Thüringen scheinen vor allem Juden aus Schlesien eingewandert zu sein; genauere Untersuchungen dazu fehlen aber bisher.

Thüringer Besonderheiten

gab es gleich in mehrfacher Hinsicht. Ein »Land Thüringen« gab es bis Anfang 1920 überhaupt nicht, und das Territorium des heutigen Freistaates war – selbst für deutsche Verhältnisse – extrem zersplittert: Die sieben Fürstentümer, aus denen am 01.05.1920 das Land Thüringen entstand (ohne das Thüringische Preußen), bestanden aus 20 größeren Staatsgebieten plus 60 Exklaven.

Diese Zersplitterung behinderte die dringend nötige Industrialisierung und die damit einhergehende Moderne extrem. Beides waren aber Grundelemente des aufstrebenden Bürgertums, mit dem sich das Judentum zunehmend identifizierte.

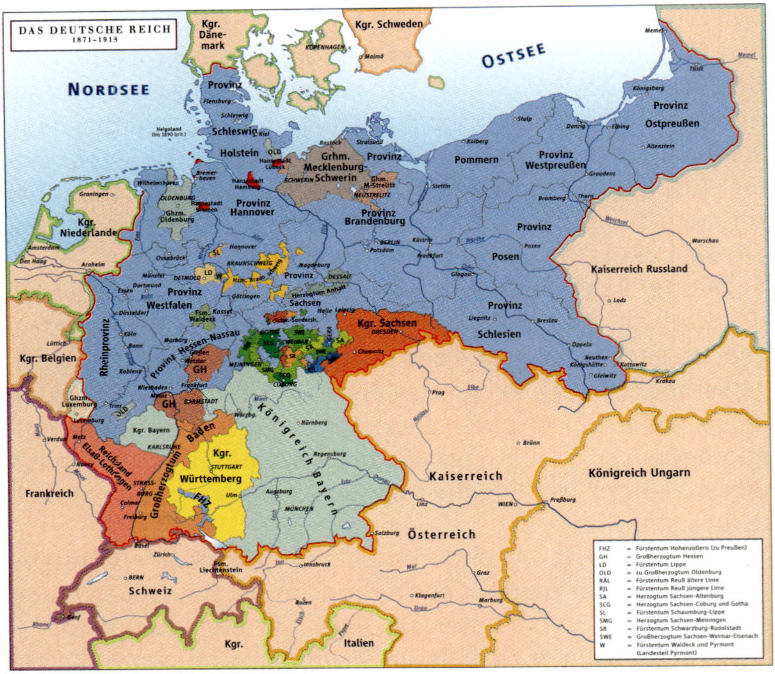

Wikipedia Ziegelbrenner – Eigenes Werk mittels: Putzger, F. W. (1965) Historischer Weltatlas (89. Aufl.)

Die Thüringer Gebiete im Deutschen Reich 1871–1918.

Für Juden war daher eine Ansiedelung in Thüringen lange Zeit unattraktiv, und das noch aus einem weiteren Grund: Seit den spätmittelalterlichen Pogromen untersagten zahlreiche Fürsten über Jahrhunderte hinweg die (Wieder-)Ansiedlung von Juden auf Thüringer Gebiet – bis auf einige Reichsritter in Südthüringen, und auch die nur aus purer Finanznot.

Die Ansiedlung konzentrierte sich zudem auffallend auf die westliche Hälfte des heutigen Thüringen; hier entstanden 30 der 32 Synagogen, die 1938 zerstört wurden. Östlich der Linie Ilmenau-Erfurt-Sondershausen gab es bis auf Gera und Altenburg nicht eine einzige Synagoge, obwohl um 1890 in Jena 64 Einwohner jüdisch waren.

Ende der Diskriminierung?

Wie bereits erwähnt, war vor der Gründung des Deutschen Kaiserreichs 1871 die Ansiedelung für Juden extrem erschwert: Fehlende Aufenthaltsrechte, hohe Extrasteuern und ständig drohende Ausweisung behinderten sie massiv darin, sich eine Existenz aufzubauen.

Mit der Erlangung der vollen Bürgerrechte setzte daher eine Wanderbewegung aus ländlichen Gebieten in die Klein- und später Großstädte ein – auch wegen angestrebter höherer Schulbildung. So lebten 1871 rund 70 % der Juden auf dem Lande; 40 Jahre später lebten etwa 70 % der Juden in Großstädten, davon die meisten in Berlin.

Die Diskriminierung jüdischer Deutscher war im Kaiserreich zwar per Gesetz aufgehoben, jedoch: Schule, Universität und Armee verschafften jüdischen Jugendlichen früh die Erkenntnis, Bürger zweiter Klasse zu sein. Und in den Familien bestimmte die Auseinandersetzung mit Antisemitismus die Diskussionen deutlich häufiger als die Frage nach jüdischen Traditionen.

Wirtschaft und Beruf

Viele Juden in Thüringen lebten vor 1869 vor allem vom Vieh- und Kleinhandel. Manche arbeiteten im Kreditwesen (auch als Hofjuden), gelegentlich auch in Manufakturen oder als Ärzte. Wenn Vieh- und Kleinhändler nicht auf dem Lande ansässig blieben (gerade in Südthüringen), stiegen sie in der Stadt oft zum geachteten Ladenbesitzer oder Kaufmann auf. Durch beharrliche Arbeit entwickelten sich »Tante-Emma-Läden« zu größeren Handelsunternehmen, deren Gewinne entweder in die Weiterbildung der Söhne oder in die Geschäftserweiterung gesteckt wurden. Zu ansehnlichem Reichtum gelangten daher nur wenige.

Handelsberufe dominierten auch weiterhin – ein Fakt, den Antisemiten immer wieder für ihre Propaganda nutzten: Nach ihrer Ansicht waren Juden geldgierig, der Handel per se unproduktiv und folglich ausbeuterisch. Doch damit waren die Antisemiten eine kleine (wenn auch laute) Minderheit: Arbeiteten

Sammlung Stadtarchiv Ilmenau, Akte 100897

Vollständig assimiliert: Gustav Grünthal und Frau Henriette geb. Hirsch um 1880. Die Grünthals besaßen ein Uhrmacher- und Goldwarengeschäft in Ilmenau. Ihr Sohn Louis diente im kaiserlichen Gardegrenadier-Regiment und fiel am 03.06.1918 an der Front.

1882 noch 4,5 Mio. Nichtjuden im Handel, waren es 1907 schon 8,3 Mio. und damit ca. 20 % aller Erwerbstätigen, die meist in sehr kleinen Läden arbeiten. Doch da Deutschland zunehmend in den Weltmarkt integriert wurde sowie Im- und Export stetig zunahmen, boten sich in diesem Sektor gute Aufstiegschancen.

Mit den Gründerjahren ließ sich in den Thüringer Städten nach und nach auch eine nennenswerte Zahl jüdischer Fabrikanten, Rechtsanwälte und Ärzte nieder, die sich teils zu bedeutenden Persönlichkeiten entwickelten und Thüringens Weg in die Moderne tatkräftig mitgestalteten (siehe Kapitel »Beiträge zu Wirtschaft, Kultur und Wissenschaft«).

Jüdische Eltern besorgten ihren Söhnen nicht nur eine Lehrstelle, sondern stellten möglichst auch das Startkapital zur Gründung einer Existenz. Wer in einem erfolgreichen Familien(handels)unternehmen aufgewachsen war, suchte selbstverständlich dort seine Aufstiegschancen. Er entging so auch der Alltagsdiskriminierung, die es nach 1871 weiterhin gab. Verwandtschaftsbeziehungen oder arrangierte Ehen nach England, Frankreich oder in die USA sorgten fürs Kennenlernen neuer Geschäftsmethoden und fürs Anbahnen internationaler Kontakte.

Die Hälfte aller jüdischen Erwerbspersonen waren Selbstständige, und davon war rund ein Drittel im Handel tätig – die meisten als kleine, unabhängige Kaufleute. Jedoch dominierten die Juden keine einzige Branche, ihr Anteil bewegte sich – ziemlich proportional zum Bevölkerungsanteil – zwischen 0,05 und 5 %. Bei Bekleidung, Warenhäusern und Lebensmitteln waren sie besonders stark vertreten und erreichten bei Damenmode sogar einen Gesamtanteil bis zu 70 %, doch das war die große Ausnahme.

In Thüringen war Hermann Tietz (1837–1907) Vorreiter, als er 1896 gemeinsam mit seinem Neffen Oscar Tietz (1858–1923) sein erstes Warenhaus in Gera eröffnete. Hermann Tietz lieferte sich mit seiner Warenhaus-Expansion einen erbitterten Konkurrenzkampf mit Abraham Adolf Jandorf (1870–1932), den sein Unternehmen 1926 mit der Übernahme des Berliner Warenhauses »KaDeWe« gewann.

Pionierarbeit leisteten jüdische Händler bei

- der Gründung von Warenhäusern, wovon es auch in Thüringen mehrere namhafte gab
- der Werbung mit Anzeigen
- dem Anbieten von Sommer- und Winterschlussverkäufen
- dem Annehmen von Postbestellungen
- dem Anbieten von Festpreisen
- dem Empfang von Kunden, die sich nur umschauen wollten
- dem Akzeptieren zurückgegebener Ware
- dem Verkauf von Konfektions- (d. h. industriell hergestellter) Kleidung und
- beim Beobachten internationaler Entwicklungen.

Im Bereich der Medizin waren 1907 etwa 6 % der Ärzte und sogar fast 30 % der Ärztinnen nach eigenen Angaben jüdisch; in den Großstädten lag diese Zahl noch deutlich höher. Deutschland war medizinisch führend in der Welt und beherbergte mehr jüdische Ärzte als jedes andere Land.

Nachdem Juden der Erwerb von Grundbesitz endlich gestattet wurde, eröffneten sie mit der Zunahme des Fremdenverkehrs auch Hotels und Pensionen in Kur- und Ferienorten. In Oberhof, um 1900 das »deutsche St. Moritz« genannt, entstanden mit dem Hotel Blum und dem Haus Golfeck gleich zwei namhafte Einrichtungen. Die Hotelbesitzer schlossen sich zu einem eigenen Verband zusammen und führten ihre Häuser meist koscher.

Im Transportgeschäft besaßen jüdische Fuhrleute eine alte Tradition, da der Warentransport ursprünglich zur Aufgabe der Händler gehörte. Mit dem Eisenbahnbau nahm die Zahl der Spediteure, Fuhrleute und Droschkenunternehmer deutlich zu. Bei

Reedern wurden einige Juden zu bedeutenden Großunternehmern, so Wilhelm Kunstmann (Stettin) und Albert Ballin (HAPAG-Direktor), der dem Hamburger Hafen Weltgeltung verschaffte und zu den Wirtschaftsberatern Kaiser Wilhelms II. gehörte.

Öffentliche Ämter, eine Militär- oder Universitätslaufbahn, Lehrtätigkeit, Elektrotechnik-Berufe oder Apothekergewerbe blieben Juden hingegen bis zur Republikgründung 1919 auch weiterhin verschlossen.

Bildung und Erziehung

Nach 1871 setzte die übergroße Mehrheit der deutschen Juden alles daran, um durch Fleiß und Bildung ins Bürgertum aufzusteigen. Bildung erhielt einen zentralen Stellenwert, weil man in sie nicht hineingeboren sein musste. Die deutsche Kultur übernahm man nicht einfach nur, sondern verband sie mit eigener ethisch-religiöser Identität. Basis der jüdischen Mittelschicht wurden die wachsenden Erfolge jüdischer Männer im Wirtschaftsleben, im Bildungsbereich und den freien Berufen.

Zahlreiche Juden – und zwar deutlich stärker als Nichtjuden – zogen um 1900 nicht nur wegen ihrer eigenen wirtschaftlichen Entfaltung vom Land in die Stadt, sondern auch, um ihren Kindern eine höhere Schulbildung zu ermöglichen. So besuchten 1901 in Preußen knapp 5 % aller christlichen Kinder eine höhere Schule, aber 46,6 % der jüdischen Kinder.

Viele Juden interessierten sich stark für Kindererziehung und Pädagogik: Männer spendeten für die Errichtung von Kindergärten, und Frauen unterstützen die fortschrittlichen Ideen des Thüringer Reformpädagogen Friedrich Fröbel. Denn seine Erziehungslehre zielte darauf, Kinder aktiv in ihrer Entfaltung zu fördern und soziale (d. h. ständische und konfessionelle) Unterschiede abzubauen, was jüdischen Familien sehr entgegenkam. Als Adele Schreiber 1907 das »Buch vom Kinde« herausgab, stammten dreiviertel der Beiträge darin von Menschen jüdischer Abstammung.

Schulen waren einer der wichtigsten Orte, wo Juden und Nichtjuden aufeinandertrafen. Städtische Juden zogen dabei im Gegensatz zu Juden auf dem Lande nicht konfessionsgebundene Schulen vor. Den Samstagsunterricht nahmen sie als Störung der Sabbatruhe in Kauf, waren sie doch der Überzeugung, dass der Antisemitismus erst verschwinden werde, wenn die Kinder integriert wären. Das ging soweit, dass gerade liberale Gemeinden es ablehnten, eine jüdische Volksschule zu errichten oder einen jüdischen Turnverein zu unterstützen.

An den Universitäten nahm in der Kaiserzeit die Zahl aller Studenten in bis dahin nicht gekanntem Ausmaß zu. Nichtjuden hofften, Lehrer, höhere Beamte oder Theologen zu werden, während jüdische Studierende wegen des Antisemitismus vor allem Anwälte und Ärzte werden wollten, denn sie konnten damit eine Praxis eröffnen und ihr Schicksal in die eigenen Hände nehmen. Im Jahre 1914 waren unter allen deutschen Studierenden 6 % jüdischer Herkunft, bei den Studentinnen waren es sogar 13 %. Von Professoren und Mitstudenten entweder ignoriert, beleidigt oder gönnerhaft behandelt, blieben sie für die akademische Gemeinschaft Außenseiterinnen.

Ab 1880 gab es eine Krise des akademischen Arbeitsmarktes; zugleich gelangten Juden vermehrt in akademische Berufe. Das führte zu antisemitischer Hetze: Für längere Wartezeiten bis zur Anstellung von Juristen, Lehrern und Theologen in Staatsdienste wurden fälschlich sie verantwortlich gemacht.

Zugleich nahm auch innerhalb der Studentenverbindungen der Antisemitismus drastisch zu und verstärkte sich noch mit der Ankunft ausländischer Juden, vor allem aus Russland. Sie traten daraufhin in großer Zahl der Freistudentenschaft bei oder gründeten eigene Verbindungen mit altdeutschen Namen wie »Friburgia« oder »Thuringia«.

Alltag

Nach deutschem Recht hatten Väter gegenüber Müttern das entscheidende Wort, in jüdischen Familien hingegen hatten Mütter mehr Autorität als sonst üblich: Ein egalitäreres Verhältnis zwischen jüdischen Eheleuten, die lange Abwesenheit der Männer von zu Hause und ihr Desinteresse an Familiendetails waren einige der Gründe. Jüdische Frauen halfen dabei nicht nur als Mütter ihren Kindern, bürgerliche Verhaltensnormen zu verinnerlichen, sondern sie gestalteten auch ein kultiviertes Familienleben – und trugen so entscheidend zur jüdischen Integration bei.

Man glich sich zunehmend in Kleidung, Sprache und Verhalten den nichtjüdischen Deutschen an, hielt dabei aber eigene Gemeinsamkeiten und Zugehörigkeiten aufrecht. Wer das nötige Geld nicht hatte, nutzte Leihbüchereien, arbeitete getragene Kleidung auf, verzichtete auf ein Dienstmädchen und begnügte sich im Theater mit einem Stehplatz.

Und hatten jüdische Familien um 1870 noch fünf bis sechs Kinder, waren es schon 1910 meist nur noch zwei bis drei – auch dies ein Zeichen von Sparsamkeit, Bürgerlichkeit und Integration. Wie im gesamten Bürgertum wurde die Familie zu einem zentralen Wert und Symbol, denn sie bot sozialen Rückhalt und finanzielle Unterstützung, geschäftliche Möglichkeiten und Beziehungen. Die Erziehung war meist streng, die Freizeit der Kinder vollgestopft mit Unterricht, Musik und Kultur.

Die Tanzstunde wurde für junge Leute ab der Jahrhundertwende eine Art Forum, wo potentielle Ehegatten einander kennenlernen konnten. Zwischen den einzelnen Tanzschulen gab es dabei klare soziale Trennungen, die weniger die Religion, als vielmehr das Einkommen der Eltern betrafen.

Sowohl innerhalb des jüdischen, als auch des nichtjüdischen Bürgertums gab es Standesdünkel. Wirtschaftlicher Erfolg allein genügte nicht, geografische Herkunft war oft fast noch wichtiger: Am höchsten standen die Alteingesessenen in der Hierarchie, ihnen folgten die Zugezogenen, und ganz unten standen die aus Osteuropa Zugewanderten.

Auf dem Lande lebten die Juden meist schlicht, aber eher bürgerlich als bäuerlich. Wer es zu Wohlstand brachte, zog in die Stadt. Wer es sich dort leisten könnte, baute sich ein Haus, und richtig Wohlhabende errichteten sich auch eine Villa – so die Gebrüder Simson in Suhl und Prof. Rosenthal in Jena. Doch natürlich gab es auch in den Städten zahlreiche Juden, die in überfüllten, dunklen Hinterhofwohnungen lebten.

Wie schon erwähnt, gab es im Kaiserreich eine scharfe Trennung der Milieus: Katholiken verkehrten mit Katholiken, Protestanten mit Protestanten – und Juden meist mit Juden. Häufig spielten sich Begegnungen sogar nur innerhalb der Familie und der Verwandtschaft ab, da die familiären Bindungen sehr stark waren. Es war üblich, dass sich die Familien am Schabbat-Nachmittag besuchten und so die Freundschafts- und Familiennetze festigten, was nicht immer konfliktfrei ablief. Mit Nichtverwandten traf man sich hingegen im Verein oder im Biergarten.

Vereine

spielten im Kaiserreich eine zentrale Rolle, allerdings zunächst nur für Erwachsene. Für Jugendliche – ob jüdisch oder nicht – gab es hingegen kaum Organisationen. Die entstanden erst um die Jahrhundertwende, vor allem im Sport: Die Begeisterung für Sport und körperliche Betätigung war bei allen deutschen Jugendlichen verbreitet – und das nicht nur bei Jungen. Dominierend war das Turnen, das man als »Bestätigung des Deutschtums« sah: Um 1900 zählte die Deutsche Turnerschaft 500.000 Mitglieder, darunter bis zu 15.000 jüdische Männer. Juden gründeten und führten auch örtliche und regionale Turnvereine an.

Als ab 1880 im Gefolge einer Wirtschaftskrise kurzzeitig eine antisemitischen Welle einsetzte, gründeten Juden eigene Vereine – insgesamt rund 5.000 mit Zigtausenden von Mitgliedern. Der wichtigste war der »Central-Verein deutscher Staatsbürger jüdischen Glaubens« (C.V.), der über 100.000 Mitglieder hatte. Er bekämpfte aktiv den Antisemitismus und schuf bei seinen Treffen eine Atmosphäre, in der sich Deutschsein und Judesein positiv miteinander verbanden. Der C.V. sorgte dafür, dass der Zionismus vor dem I. Weltkrieg bei den jüdischen Deutschen kaum Anklang fand.

Bei Jugendlichen gerade in Thüringen – ob jüdisch oder nicht – sehr beliebt waren die »Wandervögel«. 1896 in Berlin als Antwort auf die engen, ungesunden Bedingungen der Großstadt entstanden, breitete sich die Bewegung rasch in ganz Deutschland aus. Allerdings driftete sie schon bald völkisch-antisemitisch ab und schloss Juden aus ihren Reihen aus, sodass diese eigene Vereine gründeten. 1909 entstand der Verband Jüdischer Jugendvereine Deutschlands, der bis 1916 auf 20.000 Mitglieder anwuchs.

Der 1904 von Bertha Pappenheim (1859–1936) gegründete Jüdische Frauenbund hatte schon drei Jahre später mehr als 32.000 Mitglieder in 82 Vereinen. Er gründete Hauswirtschaftsschulen, Berufsberatungsstellen und Abendschulen sowie ein Heim für ledige Mütter und deren Kinder. Bekannt ist auch sein Einsatz für das Frauenstimmrecht in der jüdischen Gemeinde und gegen den internationalen Mädchenhandel. Und unter den ersten Führerinnen der feministischen Bewegung Deutschlands war etwa ein Drittel jüdischer Herkunft.

Inwieweit Thüringer Juden auch Mitglied im Deutschen Flottenverein, den Kriegervereinen usw. sein konnten, ist nicht belegt. Fest steht, dass auch hier die überwiegende Mehrheit im August 1914 klar deutsch-patriotisch eingestellt war und mit Begeisterung »für Kaiser, Volk und Vaterland« gegen Frankreich zu Felde zog. Am Ende des I. Weltkrieges waren mindestens 108 jüdische Thüringer gefallen (in ganz Deutschland rund 12.000 Juden); Hunderte kehrten mit teils schweren Kriegsverletzungen heim.

Religion

Ein homogenes Judentum gab und gibt es nicht – und wer Jude ist, darüber diskutieren jüdische Gelehrte bis heute. Um die Jahrhundertwende wich die feste Zugehörigkeit zur jüdischen Gemeinschaft einem individuellen Glauben im Geiste der Aufklärung, zu dem die überlieferten Anschauungen und Bräuche ebenso gehörten wie die Zugehörigkeit zur Familie.

War die zweite Hälfte des 19. Jahrhunderts von teils erbitterten Streitigkeiten innerhalb des Judentums geprägt gewesen, gewann nun religiöses Leben seine Stabilität zurück: Wohlhabende Gemeinden passten sich meist an die Moderne an, und in Deutschland bildeten die Orthodoxen eine Minderheit von maximal 20 %. Die Konflikte zwischen Traditionalisten und Reformern verloren an Schärfe, und um die Jahrhundertwende hatten die meisten Gemeinden einen Kompromiss bei Liturgie und Gemeindeverfassung gefunden. Neue Herausforderungen brachten allerdings der Zionismus und die Frauenbewegung mit sich.

Grundlage jüdischer Gemeindeorganisation im 19. Jahrhundert war die Kultusgemeinde (*kehilla*): Bis zum Ende des Kaiserreiches waren Juden gesetzlich verpflichtet, ihr anzugehören und Steuern für deren Unterhalt zu zahlen. Ein gewählter Vorstand aus Laien kontrollierte die Gemeinde, überwachte den Etat, stellte Bedienstete ein und entwarf die Gemeindeordnungen. Der Einfluss der Rabbiner schwankte je nach Bundesstaat im Kaiserreich.

Die eigene Situation, die geografische Lage und das Lebensalter waren von erheblicher Bedeutung für Religionsausübung und Mentalität: In Dörfern und Kleinstädten waren Lebenszyklus und Jahresablauf von jüdischen Riten durchsetzt; in größeren Städten hingegen konnten sich Juden vielen säkularen Interessen widmen und sich damit weiter von der Religion entfernen. Die rasante Verstädterung der Juden brachte damit auch ihre Säkularisierung mit sich.

Zentral blieb das Erleben des Freitagabend als Schabbat-Beginn und als Inbegriff von Feierlichkeit, Familie und Frieden. Jom Kippur wurde selbst von Religionsfernen begangen, die dann ihre Läden und Betriebe schlossen. Viele fasteten auch von Sonnenaufgang bis -untergang.

Jüdische Kinder machten vor allem das Purim-Fest, bei dem der Vereitelung eines Plans zur Judenvernichtung im alten Persien gedacht wird, zum öffentlichsten aller Feste. Sie zogen verkleidet durch den Ort und besuchten alle Nachbarn, von denen sie Süßigkeiten erwarteten. Sie wählten dabei alle möglichen Kostümierungen, nicht nur religiöse.

Das Pessach-Fest wurde als Brücke zu den nichtjüdischen Nachbarn genutzt: Juden gaben übrig gebliebene Brote und andere rituell verbotene Speisen weg und verschenkten während des Festes Mazzen. Fielen Pessach und Ostern zusammen, revanchierten sich die christlichen Nachbarn mit Ostereiern.

Eines der ersten Opfer der Säkularisierung wurde das jüdische Ritualbad, die Mikwe: Um 1900 unterhielten nur noch 55 % der Gemeinden ein solches Bad. Aber trotz allen Traditionsabbruchs blieben Lebenszyklus-Rituale auch für städtische Juden weiterhin wichtig. Dazu gehörten die feierliche Namensgebung Neugeborener, die Beschneidung der Knaben am achten Tag nach der Geburt, Bar Mizwa für Jungen (mit 13 Jahren) und Bat Mizwa für Mädchen (mit 12 Jahren), d. h. das Erreichen der religiösen Mündigkeit – sowie Eheschließungen und Begräbnisse.

Die Konversion zum Christentum wählten Juden meist nur dann, wenn sie permanentem antisemitischen Druck ein Ende bereiten wollten: Zwischen 1871 und 1919 konvertierten etwa 23.000 Juden, die meisten von ihnen Männer – und das vor allem dann, wenn die Zugehörigkeit zum Judentum sonst einen beruflichen Aufstieg verhindert hätte. Doch die überwiegende Mehrheit der Juden scheute diesen endgültigen Bruch.

Ein viel größeres Problem war die Tatsache, dass schon 1910 etwa 10 % der deutschen Juden einen christliche Partner heirateten, Tendenz: steigend. Die meisten Kinder aus diesen Ehen gingen dem Judentum verloren. Das löste in der jüdischen Gemeinschaft große Besorgnis aus, die ihren Fortbestand ebenso wie durch die Tatsache gefährdet sah, dass die Zahl der säkularisierten Juden, die den Gemeinden verloren gingen, immer größer wurde. Und auch Auswanderung – gerade mit wachsendem Antisemitismus – war weiterhin eine nennenswerte Größe.

Gefährdete Gleichberechtigung: Weimarer Republik (1918–1933)

Die Verabschiedung der Weimarer Verfassung 1919 wurde als »Ende der Intoleranz« gefeiert und gewährte der jüdischen Bevölkerung volle Gleichberechtigung. Sie schloss auf rechtlichem Gebiet die Lücken, die es aus dem Kaiserreich noch gab. Jüdische Gemeinden wurden den Kirchen gleichgestellt. Die Republik wurde von Juden vor allem deshalb begrüßt, da man sich von ihr eine Rückkehr zu den Werten der Aufklärung des 18. Jahrhunderts – und damit gute Rahmenbedingungen für eine vollständige Emanzipation in der Praxis – erhoffte.

Nach dem I. Weltkrieg lebten in der Weimarer Republik rund 550.000 Juden, die knapp 1 % der Gesamtbevölkerung ausmachten. Ihre Zahl sank bis 1933 auf knapp 500.000, was nur noch 0,77 % der Gesamtbevölkerung entsprach. Taufen – und damit der Übertritt zum Christentum – spielten dabei kaum noch eine Rolle. Die Gründe dafür waren:

- ein Geburtenrückgang,
- der Anstieg interkonfessioneller Ehen von 25 % (1919) auf bis zu 37 % (1933) aller Eheschließungen von Juden. Die Kinder in diesen Ehen wurden meist nichtjüdisch erzogen.

Stadt- und Landgemeinden

Während in ländlichen oder kleinstädtischen Gemeinden 1925 nur noch rund 20 % aller Juden lebten, ging von den Großstädten in Deutschland und ihren bedeutenden Gemeinden eine neue Dynamik jüdischen Lebens aus: Hier diversifizierten sich die Berufe, verschärften sich soziale Unterschiede, entwickelten sich politisches Bewusstsein und kulturelles Engagement. Zugleich begab sich die Jugend auf Identitätssuche, schwächten sich Familien- und Gemeindebande ab und verstärkten sich die Richtungskämpfe in weltanschaulicher, politischer und innerjüdischer Hinsicht.

So hatte die Gemeinde in Leipzig 12.540 Mitglieder (1925), wovon die meisten osteuropäische Juden waren. Bei 679.000 Einwohnern entsprach das 1,85 % der Gesamtbevölkerung. Auf dem Gebiet des heutigen Thüringens hingegen gab es 1918–33 keine bedeutenden Gemeinden, die sich in Großstädten konzentrierten. Die mit Abstand größte Gemeinde war die in Erfurt, die von 722 Mitgliedern (1919) auf 1.290 Mitglieder (1932) anwuchs, nie mehr als 1 % der Gesamtbevölkerung ausmachte und sich gegenüber der Gemeinde in Leipzig vergleichsweise bescheiden ausnahm.

Berufe

Auch in der Weimarer Republik waren jüdische Berufstätige überwiegend im Handel beschäftigt (61 %), mit großem Abstand gefolgt vom Bereich Industrie und Handwerk (24 %) sowie den Angehörigen des öffentlichen Dienstes und der Freien Berufe (10 %). Und gerade im Handel gab es einen hohen Anteil an Selbstständigen. Besonders auf dem Lande übten Produkt- und Viehhändler eine wichtige Mittlerfunktion aus.

Die meisten jüdischen Berufstätigen gehörten zum Mittelstand, den insgesamt die Hyperinflation des Jahres 1923 besonders hart traf: 50.000 Reichsmark Ersparnisse aus der Vorkriegszeit, als Alterssicherung angelegt, entsprachen 1923 nur noch 20 Goldmark. So verarmte ein beträchtlicher Teil des jüdischen Bürgertums und war auf Unterstützung des Staates oder der jüdischen Gemeinde angewiesen. Manche von ihnen mussten sogar im fortgeschrittenen Alter wieder berufstätig werden oder aber auf größere Wohnungen verzichten.

Die einzigen, die aus der Hyperinflation Gewinn schlugen, gehörten einer kleinen Gruppe von Personen an: Ob jüdisch oder nicht, verfügten sie über internationale Kontakte, erwarben billig Devisen und Immobilien und erzielten damit Spekulationsgewinne. Gerade das wurde aber von den Nazis enorm aufgebauscht und propagandistisch ausgeschlachtet.

In der Weltwirtschaftskrise von 1929 ging die Kaufnachfrage allgemein zurück, besonders stark jedoch in der Bekleidungsbranche. Dies und die verstärkte antisemitische Hetze sorgten dafür, dass vor allem in Kleinstädten schon vor 1933 zahlreiche Läden jüdischer Besitzer schließen mussten. Und da Juden es häufig vorzogen, aufgrund der Diskriminierung und zur Einhaltung des Sabbatgebotes lieber bei anderen Juden zu lernen und zu arbeiten, waren sie auch schon früher und stärker von Arbeitslosigkeit betroffen.

Familienleben

Die deutschen Juden waren nach 1918 keineswegs durchgängig assimiliert und dem Judentum entfremdet. Allerdings war der emotionale Zusammenhalt jüdischer Familien – oft idealisiert dargestellt – zu dieser Zeit tatsächlich oft schon gelockert: Die Industriegesellschaft wirkte, besonders unter der heranwachsenden Jugend, den traditionellen Normen und Vorstellungen entgegen. Die wirtschaftliche Sicherheit der Familien war gefährdet, ja teils schon untergraben. Der Zusammenhalt des Haushalts, in dem Ehefrau, Kinder und ledige Verwandte im Familienbetrieb mitarbeiteten und die Söhne das väterliche Geschäft übernahmen, war nicht mehr die Regel. Die nötige berufliche und geografische Mobilität verringerte die Abhängigkeit der Generationen und die Gemeinsamkeiten bei den Lebensauffassungen; Konflikte und Unverständnis nahmen zu.

Doch auch dies trifft vor allem für Großstädte zu; auf dem Lande, unter Ostjuden, ja selbst unter liberalen Juden in Klein- und Mittelstädten – in Thüringen dominierend – war der Zusammenhalt jüdischer Familien auch weiterhin stark. Jüdische Familien verbrachten ihre Freizeit und pflegten ihre Freundschaften vor allem untereinander. Das war nicht »typisch jüdisch«, sondern ein allgemein übliches Milieuverhalten Anfang des 20. Jahrhunderts.

Frauen waren durch Modernisierung und die schlechtere Wirtschaftslage zur Aufgabe traditioneller Rollen und zur Erwerbstätigkeit gezwungen, und zwar nicht mehr nur im eigenen Familienbetrieb. Die meisten Frauen, wenn sie nicht freiberuflich oder als Ärztinnen arbeiteten, waren als selbständige Näherinnen, als Verkäuferinnen oder kaufmännische Angestellte beschäftigt – und allesamt schlecht bezahlt.

Bemerkenswert ist, dass vor 1930 ca. 50.000 jüdische Frauen (d.h. ca. 25 % aller erwachsenen Jüdinnen) im *Jüdischen Frauenbund JFB* organisiert waren. Die Organisation war beeindruckend aktiv: Neben dem Einsatz für Wohlfahrtsfürsorge und Sozialarbeit kämpfte sie auch gegen Mädchenhandel und Prostitution. Sie betrieb Schulen für Berufsausbildung und setzte sich für ein aktives und passives Wahlrecht in den jüdischen Gemeinden ein. Nach dem Erfolg gelang es allerdings nur wenigen Frauen, bis in die Gemeindeleitung vorzudringen.

Die Jugend war von wirtschaftlicher Unsicherheit und der Verunsicherung jüdischer Existenz besonders betroffen: Die meisten jüdischen Kinder besuchten allgemeine Schulen und waren dort einem wachsenden Antisemitismus ausgesetzt, wie zahlreiche Lebensberichte aus Thüringen zeigen. Für die älteren Jahrgänge war die weitere Ausbildung oft nicht mehr finanzierbar, sodass sie statt selbständiger Tätigkeit kommerzielle oder industrielle Lohnarbeit aufnehmen mussten. Das bedeutete den Abstieg ins Proletariat, mit geringerem Einkommen und ohne gesicherte Anstellung.

Die Folgen des Antisemitismus zeigten sich bei der Jugend besonders in heftigen Richtungskämpfen konkurrierender jüdischer Jugendbünde und -vereine, die sich auch auf die Erwachsenen-Organisationen auswirkten. Das betraf aber letztlich nur eine kleine Schicht der jüdischen Jugend, besonders in Großstädten. Die breite Masse trat vor allem in (jüdische/nichtjüdische) Sportvereine ein, vor allem bei Turnern, aber auch bei der Jiu-Jitsu-Selbstverteidigung.

Die deutschen Juden waren insgesamt im Umbruch: Traditionsbruch und Entscheidungen hinsichtlich Orientierung und Identität waren an der Tagesordnung. Die meisten wollten weder ihr Deutschtum, noch ihr Judentum aufgeben. Unter dem Druck der Verhältnisse fanden sie sich schon im Laufe der Weimarer Republik stärker in jüdischen Gemeinden und Organisationen wieder.

Politik

Die jüdische Mehrheit lehnte ein exponiertes Agieren jüdischer Politiker in linksradikalen Bewegungen nach der Novemberrevolution ab; besonders Landjuden und Orthodoxe waren ausgesprochen konservativ eingestellt. Den wiederauflebenden Antisemitismus hoffte man, mit passiv-unauffälligem Abwarten zu überstehen: ›Nur ja keine risches machen‹, war die Devise – d. h. bei Nichtjuden möglichst keine antisemitischen Gefühle durch auffällige Kleidung, Accessoires oder Handlungen erzeugen.

Die meiste Juden wählten die liberale Deutsche Demokratische Partei (DDP), doch als die sich 1930 nach stetigem Stimmenverlust mit dem antisemitischen Jungdeutschen Orden zur Deutschen Staatspartei vereinigte, entzog ihr die Mehrheit jüdischer Wähler die Stimme und wechselte nun zur Sozialdemokratischen Partei Deutschlands (SPD). Die Sozialdemokraten hatten unter Juden bis dahin nur zögerlich Anhänger gefunden. Jetzt setzte ein Umdenken ein, das sich nach dem Niedergang der bürgerlichen Mittelparteien 1932 noch verstärkte. Die SPD trat zwar öffentlich am konsequentesten gegen Antisemitismus auf, war aber selbst nicht frei davon, u. a. bei der Behauptung, Juden und Kapitalismus seien identisch. Viele Juden wurden vom klassenkämpferischen Ton abgestoßen, den die SPD gegenüber der Kommunistischen Partei Deutschlands (KPD) anschlug. Der bekannteste jüdischer SPD-Politiker war Rudolf Hilferding.

Eine kleine Zahl großbürgerlicher Juden wählte auch die nationalliberale Deutsche Volkspartei (DVP).

Nach dem DDP-Rechtsruck wechselte ein kleiner Teil (vor allem orthodoxe Juden) auch zum katholisch dominierten Zentrum, dessen Reichskanzler Brüning aber viele mit seiner unklaren Haltung zum Judentum abschreckte.

Die KPD übte nur eine geringe Anziehungskraft auf jüdische Wähler aus. In der Parteiführung waren zwar mehrere Juden vertreten, ebenso als KPD-Abgeordnete im Reichstag. Die meisten Juden wurden allerdings durch die von Stalin dirigierte Kommunistische Internationale bei Fraktionskämpfen aus der Partei verdrängt.

Die verschiedenen jüdischen Organisationen agierten entsprechend ihrer Prämissen:

- Der Central-Verein deutscher Staatsbürger jüdischen Glaubens (C.V.) als Vertreter liberaler Mehrheitsmeinungen hatte noch im November 1918 auf öffentlichen Kundgebungen sein »Gelübde unverbrüchlicher Treue zu Kaiser und Reich« erneuert und kritisierte später die relativ große Zahl von Juden in Revolutionsregierung und Räten. Doch wurde auch zu verstärkter innerjüdischer Solidarität aufgerufen.
- die Zionistische Vereinigung für Deutschland (ZVfD) verstärkte ihre Hinwendung zu Palästina
- der Verband nationaldeutscher Juden versteifte sich auf seine deutsch-nationale Gesinnung

Im Laufe der Weimarer Republik wurde den jüdischen Organisationen immer deutlicher, dass der Judenhass zur akuten politischen Gefahr wurde. Die Reaktion darauf bestimmte mehr und mehr ihre politischen Orientierungen und Handlungen.

Viele Intellektuelle zeigten sich über den wieder erstarkenden Antisemitismus enttäuscht und wandten sich wieder verstärkt dem Judentum oder direkt dem Zionismus zu, wie z. B. Albert Einstein. Doch auch die Gegenbewegung – die völlige Abkehr vom Judentum – gab es.

Paradoxerweise hatten Juden in der Weimarer Republik weniger politischen Einfluss als vorher: Ab ca. 1925 wurden politische Kämpfe zunehmend auf der Straße statt im Parlament ausgetragen. Und nach der Ermordung von Außenminister Walther Rathenau 1922 war kein jüdischer Politiker mehr da, der auf die Politik einen ähnlichen Einfluss wie Eduard Lasker (1829–1884) oder Ludwig Bamberger (1823–1899) im Kaiserreich ausübte. In den Länderregierungen und auf kommunaler Ebene gingen die jüdische Beteiligung und ihr Einfluss vermutlich noch stärker zurück; lediglich bei Presse und politischer Publizistik war der jüdische Anteil noch erheblich. In Wissenschaft, Wirtschaft und Kunst versuchten Juden immer wieder, ihren Ruf oder ihr Prestige in die politische Waagschale zu werfen, doch gegen die zunehmende Siedehitze politischer Kämpfe waren sie machtlos.

Religiöses Leben

In der Weimarer Republik gab es nicht nur eine Belebung jüdischer Kultur, sondern auch der Gemeinden und des religiösen Lebens. Andererseits ging der Gottesdienst-Besuch mancherorts so weit zurück, dass nur noch an hohen Feiertagen Gottesdienst gehalten wurde. Zur ohnehin sozialen Ausrichtung der Gemeinden kamen in den letzten Jahren der Republik noch Berufsumschulung und Wirtschaftshilfe hinzu. Schwierig war es für die Gemeinden, bei der immer größer werdenden Zahl an Bedürftigen dennoch die nötige Diskretion zu wahren.

Auch in der Weimarer Zeit stand das Erleben des Freitagabend als Sabbat-Beginn und als Inbegriff von Feierlichkeit, Familie und Frieden im Mittelpunkt. Zu Sukkot wurden Laubhütten aufgestellt, an denen sich vor 1933 kaum ein nichtjüdischer Nachbar störte. Andererseits schlossen manche Familien schon ab Anfang der 1930er-Jahre die Fenster, bevor sie hebräische Lieder sangen. Jom Kippur wurde selbst von Religionsfernen noch begangen: Dann schlossen selbst die ihre Läden und Betriebe, die sonst auch am Sabbat arbeiteten und gaben das in der Lokalpresse bekannt. Viele fasteten auch von Sonnenaufgang bis -untergang.

Die religiösen Feste stärkten einerseits das jüdische Selbstbewusstsein, prägten andererseits aber gerade Kindern das Bewusstsein jüdischer Eigenart ein. Da zeitlich nahe beieinander liegend, gab es zwischen Chanukka und dem christlichen Weihnachtsfest besonders viele Berührungspunkte mit nichtjüdischen Nachbarn oder Freunden. Sie wurden besucht, und jüdische Familien übernahmen nicht selten den Brauch des Schenkens und des Weihnachtsbaumes.

In kleinen Ortschaften wohnte kaum ein jüdischer Arzt oder Rechtsanwalt, stattdessen meist lediglich ein jüdischer Volksschul- oder Religionslehrer. Die Wohlhabenderen wanderten zahlreich ab, wodurch die verbliebenen Gemeinden in finanzielle Schwierigkeiten gerieten. Sie konnten nur durch regionale Gemeindeverbände erhalten und von einem Wanderrabiner oder dem Bezirksrabbinat betreut werden. Die meisten Familien waren hier seit Generationen ansässig. Außer neueingestellten Lehrern zogen kaum Juden aus anderen Teilen Deutschlands oder gar dem Osten zu.

Freizeit und Geselligkeit

Es scheint, als ob in der Weimarer Zeit die Juden als eine Religionsgemeinschaft neben anderen gesehen wurden und die gebührende Berücksichtigung erfuhren: Bei Synagogen-Einweihungen waren meist lokale Amtspersonen anwesend, und zu offiziellen Empfängen wurden hochrangige jüdische Vertreter eingeladen. Häufige Berührungspunkte boten auch die Vereine und Berufsverbände, in denen zum Teil auch Juden in die Vorstände gewählt wurden.

Freundschaften von Juden untereinander waren jedoch nach wie vor häufiger und enger als mit Nichtjuden. Sonntagsausflüge und Urlaube in der Sommerfrische belegen die weitgehende Integration in die Umwelt, und doch gab es auch hier immer wieder Beschränkungen und Ausgrenzungen: Vor dem Besuch der Nordseeinsel Borkum, die sich schon 1897 als »judenrein« angepriesen hatte, warnte ein einschlägiger Reiseführer auch noch 1922: »Israeliten ist vom Besuch

Borkums dringend abzuraten.« Und schon 1932 erlebten Juden bei ihrem jährlichen Badeurlaub, dass die bis dahin dominierenden schwarz-weiß-roten Fähnchen des Kaiserreichs (das Schwarz-Rot-Gold der Republik hatte nie dominiert) Hakenkreuz-Fähnchen gewichen waren und die Platzkonzerte von einer SA-Kapelle bestritten wurden.

Der *Centralverein deutscher Staatsbürger jüdischen Glaubens (C.V.)* war die größte jüdische Organisation in der Weimarer Republik mit über 60.000 Mitgliedern (1926) in 555 Ortsgruppen und 21 Landesverbänden und vertrat nach Angaben seines Direktors Ludwig Holländer (1877–1936) über 300.000 deutsche Juden. Die wöchentliche »C. V.-Zeitung« wurde an Mitglieder kostenlos verschickt, außerdem 30.000 Expl. der Monatsausgabe an nichtjüdische Meinungsbildner kostenlos versandt. In Thüringen gab es zahlreiche Ortsgruppen, die bedeutendsten befanden sich in Weimar, Gotha und Eisenach.

Ludwig Tietz (1897–1933) und Friedrich Brodnitz (1899–1995), beides jüngere C.V.-Führer, wollten die Arbeit jedoch nicht nur auf die Abwehr des Antisemitismus beschränkt wissen, sondern auch das jüdische Selbstbewusstsein stärken. Beide sowie Leo Baeck unterstützten die Aufbauarbeit in Palästina über den Aufbaufonds »Keren Hayesod« (hebräisch: »Der Gründungs-Fonds«).

Die Zionisten traten für einen jüdischen Staat in Palästina und die massenhafte Auswanderung dorthin ein. Sie waren in der *Zionistischen Vereinigung für Deutschland (ZVfD)* organisiert, die 1902–1938 die Wochenzeitung »Jüdische Rundschau« herausgab. Sie spielten allerdings in Deutschland nur eine geringe Rolle, und auch die Auswanderung deutscher Zionisten nach Palästina (alija) vor 1933 war sehr gering. Ihre Zahl erreichte 1923 mit 33.000 Mitgliedern in 200 Ortsgruppen einen Spitzenwert, ging jedoch Ende der 1920er-Jahre rapide auf bis zu 7.500 zurück. Auch als der Antisemitismus immer stärker wurde, blieb die zionistische Bewegung in Deutschland schwach. Sie versuchte vor 1933 relativ erfolglos, die

Assimilationsbewegung umzukehren. Unter Jugendlichen spielte der zionistische Pfadfinderbund eine gewisse Rolle.

In Thüringen gab es 1924 in 17 Orten aktive Zionisten, und zwar in Altenburg, Apolda, Erfurt, Geisa (Rhön), Gera, Gotha, Ilmenau, Jena, Meiningen, Mühlhausen, Nordhausen, Sondershausen, Suhl, Schmalkalden, Vacha (Rhön), Weimar und Wickersdorf. Thüringer Zionisten wie Hans Beyth (Bleicherode) oder Sally Gabbe (Ilmenau) waren allerdings vor 1933 eine kleine Minderheit innerhalb des deutschen Judentums. Dennoch gelang es dem ZVfD, zu Jahresbeginn 1930 in Jena einen Delegiertentag abzuhalten, an dem mit Dr. Chaim Weizmann (1874–1952), Präsident der Zionistischen Weltorganisation ein prominenter internationaler Gast teilnahm.

Der *Reichsbund jüdischer Frontsoldaten (RjF)* hieß bei seiner Gründung 1919 durch Hauptmann a. D. Leo Löwenstein (1879–1956) »Vaterländischer Bund jüdischer Frontsoldaten«, was die politische Orientierung der Gründer und der meisten Mitglieder ausdrückte. Er hatte 1926 rund 40.000 Mitglieder in 16 Landesverbänden und 500 Ortsgruppen und war damit die zweitgrößte jüdische Organisation im Reich; bis 1933 gehörten ihm auch namhafte Zionisten an.

Der Bund sah seine Hauptaufgabe ebenfalls in der Abwehr antisemitischer Angriffe und Propaganda und tat das vielfältig: Er

- verteidigte die Ehre der Juden, die im Krieg gekämpft hatten oder gefallen waren
- organisierte den Straßen- und Saalschutz jüdischer Versammlungen gegen antisemitische Krawalle
- förderte die Berufsumschichtung und die landwirtschaftliche Ansiedlung: »Die Mistgabel in der Hand eines städtischen Juden überzeugt mehr als jede Propaganda.« Die Verbandsleitung gründete 1928 den Reichsbund für jüdische Siedlung und jüdische Landarbeit
- unterhielt bzw. unterstützte Sport- und Wehrsportvereine und eine eigene Jugendorganisation

- veröffentlichte 1933 das Gedenkbuch jüdischer Kriegsteilnehmer und -gefallener (Autor: Jakob Segall)
- gab die Zeitschrift »Der Schild« heraus, deren Stellungnahmen allerdings im Laufe der Zeit immer deutschnationaler und antizionistischer wurden.

Der *Unabhängige Orden Bne Briss* (hebräisch: »Söhne des Bundes«), 1882 in Berlin gegründet, wurde in Deutschland von 1924 bis zur Auflösung 1937 durch Leo Baeck geleitet und war vor allem in der Wohlfahrts- und Jugendpflege tätig. Er wurde Mitgründer der 1917 gegründeten Zentralwohlfahrtsstelle der Juden in Deutschland e. V. (ZWST) sowie des Jüdischen Jugendverbandes. Bne Briss unterstützte gemeinsam mit dem Hilfsverein der deutschen Juden die durch Pogrome im Osten bedrängten Juden. Er unterstützte aber auch Kultur und Wissenschaft wie das Zentralarchiv der deutschen Juden oder die 1872 in Berlin gegründete Hochschule für die Wissenschaft des Judentums (HWJ). Er war wie sein amerikanisches Vorbild B'nai B'rith zunächst ein reiner Männerorden, doch schon ab 1912 gab es auch Frauengruppen. 1922 hatte er in ganz Deutschland 50 Ortsverbände, in Thüringen gab es welche in Erfurt, Nordhausen, Gotha und Eisenach.

Kultur

Juden trugen zweifellos zur Weimarer Kultur bei und stellten auch in diesem Bereich herausragende Repräsentanten – man denke nur an Fritz Lang (Film) oder Max Liebermann (Malerei). Doch die Behauptung, die Weimarer Kultur sei »jüdisch dominiert« gewesen, ist Nazi-Propaganda. In Theater, Musik und unter bekannten Schriftstellern waren 1930 nur 2,5 % jüdisch, und selbst das ist zu relativieren: Ein Teil der Prominenten wurde erst durch die Nazis zu Juden gemacht. In ihrem Selbstverständnis waren sie es nicht, und die jüdische Religion spielte für sie keine Rolle.

Beiträge zu Wirtschaft, Kultur und Wissenschaft

Der Begriff »Jüdische Beiträge« ist eigentlich irreführend, da die allerwenigsten Leistungen deutscher Juden spezifisch auf der jüdischen Religion basierten. Für viele namhafte Unternehmer, Künstler und Wissenschaftler spielte ihr Judesein keine Rolle. Bis auf wenige Ausnahmen (z. B. Psychoanalyse) arbeiteten sie völlig selbstverständlich mit Nichtjuden zusammen – und erreichten so herausragende Leistungen. Dennoch blieben sie auch hier eine Minderheit – aller antisemitischer Propaganda zum Trotz. Zu den deutschlandweit bekannten Persönlichkeiten gibt es schon zahlreiche Darstellungen, nachfolgend daher einige Beispiele jüdischen Schaffens in Thüringen.

Die Familie Tietz (Gera)
legte mit den Brüdern Hermann (1837–1907), Markus (1849–1901) sowie den Neffen Oscar (1858–1923) und Leonhard Tietz (1849–1914) Ende des 19. Jahrhunderts den Grundstein für ein deutschlandweites Netz von Warenhäusern.

Oscar Tietz entdeckte bei Experimenten, wie sich Baumwollspitze extrem preiswert herstellen ließ. Sein Onkel Hermann Tietz stellte das Startkapital für das »Garn-, Knopf-, Posamentier-, Weiß-und Wollwarengeschäft«, das 1882 in Gera eröffnet wurde und mit neuen Verkaufsmethoden aufwartete: Es gab keinen Kaufzwang, dafür extrem niedrig kalkulierte, klar ausgezeichnete Preise – und jeder Kauf wurde sofort und bar bezahlt.

Oscar Tietz erkannte schnell die Vorteile der Filialen- und Netzwerkbildung, die hinter der Warenhaus-Idee steckte. Nach weiteren Filialen in der Region folgten ab 1894 solche in München, Hamburg und Berlin. Sein Bruder Leonhard Tietz ließ sich vom Erfolg anstecken und gründete – ausgehend von Stralsund – insgesamt 20 Filialen im Westen und Süden Deutschlands.

Die erfolgreichen Warenhäuser – zumeist tatsächlich von Unternehmern mit jüdischen Wurzeln gegründet – erfuhren viel Anfeindung, der Oscar Tietz mit der Gründung des Verbandes Deutscher Waren- und Kaufhäuser e.V. 1903 in Berlin entgegentrat. Auch die Gründung der Hauptgemeinschaft des Deutschen Einzelhandels (HDE) 1919, die bis heute besteht, ist sein Verdienst. Ihre 1929 gegründete »Forschungsstelle für den Handel« entwickelte sich zum führenden Forschungszentrum der Handelswissenschaft in Europa.

Kaufhaus »Römischer Kaiser« (Erfurt)
Siegfried Pinthus (1870–1937) war Ladeninhaber am Domplatz und Vorsitzender der Jüdischen Gemeinde. 1907/08 ließ er gemeinsam mit seinem Schwager Arthur Arndtheim (1879–1945), einem Tietz-Verwandten, nach dem Vorbild des Warenhauses Tietz (Berlin, Leipziger Straße) ein Großkaufhaus errichten, benannt nach dem früheren Hotel »Römischer Kaiser«. 1927 wurde es um mehr als die Hälfte erweitert; heute ist es die Einkaufsgalerie »Anger 1«.

Das Kaufhaus war nicht nur bei den Kunden wegen seines Warenangebots und seiner Frei-Haus-Lieferung im Umkreis von 50 km beliebt, sondern auch beim Personal: Es gab eine Leihbücherei mit 5.000 Bänden, eine Theaterkasse für die Häuser in Erfurt und Weimar, eine eigene Berufs- und Fortbildungsschule, Personalkantine, Erfrischungs- und Ruheraum, Betriebskindergarten, Pensionsfonds und eine Betriebssportgemeinschaft.

Berlin-Erfurter Maschinenfabrik Henry Pels & Co.
Die Maschinenfabrik wurde 1899 in Ilversgehofen bei Erfurt gegründet und ist ein gutes Beispiel für den Übergang vom Handelsunternehmen zur Produktionsfirma. Dr. Henry Pels

(1865–1931) lernte 1897 Hugo John, Inhaber von J.A. John, kennen. Die Firma stellte Lochstanzen und Scheren her, deren Vertrieb Pels noch im gleichen Jahr übernahm. Zwischen 1899 und 1901 vereinigten sich beide Firmen und errichteten neue Fabrikgebäude in Ilversgehofen. Die Produktpalette wurde erheblich erweitert; führend wurde das Unternehmen bei der Herstellung von Umformtechnik-Maschinen. Die Firma exportierte über 90 % ihrer Produkte und hatte weltweit Filialen; sie hielt zahlreiche Patente bei Stahlniet-Konstruktionen.

Henry Pels, obgleich Jude, war nie aktiv in der Erfurter jüdischen Gemeinde, doch war er ihr Förderer und Mäzen. In den 1920er-Jahren beschäftigte seine Firma bis zu 1.200 Arbeiter und Angestellte und war damit ein wichtiger Faktor in der Erfurter Wirtschaft.

Kunst- und Handelsgärtnerei Ernst Benary (Erfurt)
Ernst Benary (1819–1893) eröffnete 1843 gemeinsam mit einem Gehilfen eine kleine Kunstgärtnerei mit Blumenhandel, die sich bis 1900 zum größten Blumensamen-Händler entwickelte, der erfolgreich zahlreiche exotische Pflanzen akklimatisierte.

Ab 1849 wurde die Firma mit der Herausgabe fremdsprachiger Kataloge auch international tätig. Benary erreichte, dass weltweit ca. 100 Züchter für ihn arbeiteten. 1893 verfügte das Unternehmen über 6.000 Frühbeete und 20 Gewächshäuser auf einer Fläche von 50 Hektar. Dank Benarys Unternehmen erhielt Erfurt den Beinamen »Blumenstadt«.

Die noch heute bestehende Villa »Ernst Benary« wurde aufwändig mit Gemälden ausgestattet. 1879 richtete Benary für seine Angestellten eine der ersten Betriebskrankenkassen in Deutschland ein und organisierte die betriebliche Altersvorsorge. Der »Betriebs-Gesangverein« existierte 1880–1951 und förderte den Zusammenhalt; die langjährige Betriebszugehörigkeit vieler Beschäftigter war sprichwörtlich. Der Stadt Erfurt vermachte er testamentarisch rund 5.700 qm Bauland, das für immer zur Erholung dienen sollte – den heutigen Benaryplatz.

M. & L. Hess Schuhfabrik AG (Erfurt)
Die Brüder Louis und Maier Hess gründeten 1878 eine Schuhfabrik, die Alfred Hess (1879–1931) im Jahre 1915, nach dem Tod des Vaters Maier Hess übernahm. Hess begann mit 25 Arbeitern, expandierte schnell und hatte ab 1896 gleich zwei bedeutende Fabriken in der Stadt. 1912 wurde das Unternehmen eine AG, 1922 wurden zwei Konkurrenzunternehmen integriert. Die Schuhfabrik hatte nun 1.800 Arbeiter und 125 Angestellte und war damit zweitgrößtes Branchenunternehmen in Erfurt.

Die Produzentenfamilie engagierte sich auch sozial und baute u. a. Siedlungshäuser für Werksangehörige. Alfred Hess wurde außerdem ein bedeutender Kunstmäzen, der das Angermuseum

Wikipedia

Alfred Hess (rechts) mit seiner Ehefrau Thekla, geb. Pauson, und seinem 20-jährigen Sohn Hans (links), Sommer 1928.

Erfurt und das Bauhaus Weimar mit Stiftungen und Leihgaben, vor allem mit expressionistischen Gemälden, förderte.

Bankhaus B. M. Strupp/ Bank für Thüringen AG (Meiningen)
Ursprünglich als Getreidehandelsfirma mit Hausbank gegründet, war die Firma B. M. Strupp unter der Leitung von Mayer Strupp ab 1862 ausschließlich im Bankgeschäft tätig und errichtete Filialen in ganz Thüringen. Das Bankhaus war u. a. an der Gründung von Werra-Eisenbahn-Gesellschaft, Mitteldeutscher Creditbank und Deutscher Hypothekenbank Meiningen beteiligt.

Ab 1873 wurde es von Mayer Strupps Sohn und Bankier Gustav Strupp (1871–1918) geführt. Das Stammhaus in Meiningen leitete sein Bruder Meinhold, die Filiale in Gotha sein Bruder Louis, der auch Aufsichtsratsvorsitzender der Gothaer Waggonfabrik war. Die Bank betätigte sich finanziell in der Porzellanindustrie ebenso wie bei Brauereien, Eisenfabriken, Textilfirmen und leitete die Salinen und das Solbad von Salzungen. Gustav Strupp und seine Brüder Meinhard und Louis wandelten am 18. Oktober 1905 das Bankhaus B. M. Strupp in die Aktiengesellschaft Bank für Thüringen um.

Die Bank besaß eine eigene Kranken- und Rentenversicherung und unterhielt mehrere wohltätige Stiftungen. Doch auch politisch engagierte sich Gustav Strupp: 1897 wurde er in den Meininger Gemeinderat und 1903 in den Sachsen-Meiningischen Landtag gewählt, denen er bis zu seinem Ableben angehörte.

Moritz Goldschmidt (1863–1916)
In Geisa geboren, wurde Moritz Goldschmidt der »Botaniker der Rhön«. Er befasste sich intensiv mit der heimischen Pflanzenwelt und veröffentlichte von 1900 bis 1915 Teile der mehrbändigen »Flora des Rhöngebirges«. Seine Sammlung, aus 300 Mappen mit über 20.000 Pflanzenpräparaten bestehend, wurde in das Herbarium Senckenbergianum in Frankfurt am Main integriert.

Van-Gogh-Museum (NL), Wikipedia

Edvard Munch: Bildnis Felix Auerbachs 1906.

Felix Auerbach (1856–1933)
Aus Breslau stammend, wurde Felix Auerbach 1889 dank Ernst Abbe nach Jena zum Professor für theoretische Physik berufen; eine ordentliche (d. h. bezahlte) Professur erhielt er allerdings erst 1923. Er betrieb interdisziplinäre Forschung und erfand 1890 einen Apparat zur absoluten Härtemessung. Komplizierte naturwissenschaftliche Gesetze und Theorien stellte er in zahlreichen Büchern allgemeinverständlich dar und verfasste 1918 die erste Biografie über Ernst Abbe. 1927–1931 gab er gemeinsam mit Wilhelm Hort ein siebenbändiges Handbuch der physikalischen und technischen Mechanik heraus. 1906 malte Edvard Munch das Porträt Felix Auerbachs.

Die Ehefrau Anna Auerbach geb. Silbergleit (1861–1933) war aktiv in der Frauenrechtsbewegung. 1924 erteilte das Ehepaar Walter Gropius den Auftrag zum Bau eines Wohnhauses nach dem Baukastenprinzip in der Jenaer Schaefferstraße. Das Haus gehört heute zum internationalen Erbe der Bauhausarchitektur.

Mordko Herschkowitsch (1868–1932)
Ab 1898 war Mordko Herschkowitsch Mitarbeiter des Glaswerks Schott und Genossen in Jena und wechselte 1902 dank Ernst Abbe zu Carl Zeiss (Optische Werkstätten). Von ihm stammt ein Apparat zur Qualitätsprüfung für Glühlampen. Dem Chemiker gelang die Herstellung optisch einwandfreien Quarzglases, das besonders für Mikroskoplinsen verwendet wurde. Kurz vor dem Ersten Weltkrieg stellte er als Erster poröses Glas her, das für Filter verwendet wurde.

Herschkowitsch war Gründungs- und langjähriges Vorstandsmitglied des Vereins »Volksbühnen-Bewegung« (1890 in Berlin entstanden), der weiten Kreisen den Besuch guter Theaterstücke möglich machen wollte.

Richard Engelmann (1868–1966)
Richard Engelmann studierte Bildende Kunst. 1913 wurde er mit Unterstützung des Worpsweder Künstlers Fritz Mackensen als Professor an die Hochschule für bildende Kunst in Weimar

Bildhauer und Patriot: Richard Engelmann, Weimar.

Wikipedia Nicola Perscheid

berufen. Er wurde dort Leiter der Bildhauerabteilung. Zu seinen Schülerinnen gehörte u. a. die spätere Bauhausdesignerin Marianne Brandt.

Werke:
- 1913 Sommerhaus in Wartenberg (Bayern), entworfen nach Plänen Henry van de Veldes
- nach 1914 Brunnendenkmal in Weimar für Ernst von Wildenbruch mit der Aufschrift »Ich kämpfe nicht um anzugreifen, sondern um zu verteidigen«
- nach 1919 bzw. 1929 Kriegerdenkmäler in Apolda und Vacha (Rhön)
- sowie in Jena: Steinrelief »Die ewig Lauschende« für HNO-Klinikportal, Bronzeherme Ernst Haeckels, Porträtbüsten von Max Reger und Rudolf Eucken.

Bedeutende Gemeinden bis 1938

Um 1930 gab es in Thüringen 27 jüdische Kultusgemeinden, die größte davon in Erfurt. Die kleinste Gemeinde in Bauerbach zählte zu dieser Zeit dagegen gerade einmal 9 Mitglieder. Die Landgemeinden blieben beim konservativen Ritus, die übrigen Gemeinden wurden in der Mehrheit reformiert-liberal. In Erfurt, Gera und Gotha gab es jedoch auch orthodoxe Gruppierungen, die durch ostjüdische Zuwanderer entstanden. In Ostthüringen folgten (wohl aufgrund der restriktiven Judenpolitik der dortigen Herzöge) erst spät Gemeindegründungen, meist als jüdische Religionsvereine. Die größten Gemeinden auf dem Gebiet des heutigen Thüringen werden nachfolgend vorgestellt.

Erfurt

Die Erfurter Gemeinde erreichte 1932 ihre höchste Zahl an 1.290 Mitgliedern. Sie war reformiert-liberal, mit einer kleinen Gruppe Orthodoxer. Schon bei Einweihung der Synagoge von 1840 hielt der Rabbiner die Predigt auf Deutsch, es wurde »musiziert«, und den Gesang gestalteten ein Duett und ein Chor. Der Orgel-Einbau führte zum Streit und zum vorübergehenden Auszug der orthodoxen Juden aus der Gemeinde. 1882–84 ließ sie die Große Synagoge errichten; die heutige Neue Synagoge steht am gleichen Standort. Architekt war Siegfried Kusnitzky, der auch die Frankfurter Börneplatz-Synagoge erbaute. Es war ein prachtvoller Kuppelbau mit 500 Plätzen.

Bedeutende Rabbiner:

- *Dr. Adolf Jaraczewsky* (1829–1911): Amtszeit 1862–79; Gründungsmitglied des Vereins für Geschichte und

Wikipedia

Die Große Synagoge in Erfurt.

Altertumskunde von Erfurt, schrieb die 1868 erschienene »Geschichte der Juden in Erfurt«, war wohl konservativer als Gemeindevorstand – daher kam es immer wieder zu Konflikten

– *Dr. Moritz Salzberger* (1844–1929): geboren in Ungarn; studierte in Wien, Breslau und Halle, wo er promovierte. Zunächst Rabbiner und Schulleiter in Alsó-Kubin (Ungarn) und Culm (Westpreußen), trat er 1886 sein Amt in Erfurt an. In seine Amtszeit fielen weitreichende Reformen: Es wurde ein neuartiger Jugendgottesdienst eingeführt, die Mikwennutzung aufgegeben und die Feuerbestattung zugelassen. Im Nachruf vom 13.04.1929 schreibt die Thüringer Allgemeine Zeitung: »Der Verstorbene bekleidete dieses Amt (...) 37 Jahre lang. Durch sein reiches Wissen auf theologischem Gebiet und sein schlichtes, einfaches Wesen erwarb er sich nicht nur in seiner Gemeinde, sondern auch in der sonstigen Bürgerschaft viele Freunde.«

– *Dr. Max Schüftan* (1887–1936): in Niederschlesien geboren, studierte 1907–17 in Breslau. Danach war er bis 1918 Assistenzrabbiner in Düsseldorf und 1918–23 Rabbiner in Görlitz. In Erfurt wirkte er ab 1924 bis zu seinem Tode 1936.

Seit 1854 bestand eine israelitische Religionsschule, die im Jahre 1900 in die Räume der Großen Synagoge umzog. Der Israelitische Frauenverein entstand 1856, zunächst vor allem für wohltätige Zwecke; er setzte aber auch bereits 1925 das Frauenwahlrecht in der Gemeinde durch.

Gera
Die Geraer Gemeinde war in den 1920er-Jahren mit über 500 Mitgliedern die zweitstärkste Gemeinde Thüringens. Ein erster Betsaal befand sich im Saal eines Lokals in der Leipziger, danach im Anbau des »Hotel Kronprinz« an der Schülerstraße/Am Rossplatz. Im Jahre 1885 bildeten die Geraer Juden eine »freie Vereinigung«, zu deren Gründungsmitgliedern

Stadtarchiv Gera (B1 Nr. 2641)

Schon fast eine Synagoge: Betsaal der Geraer Gemeinde im Hotel »Kronprinz«.

Hermann Tietz gehörte. Für orthodoxe Juden gab es einen Betraum in der Hospitalstraße (heute K.-Liebknecht-Str.).

Der Zuzug polnischer Juden nach dem I. Weltkrieg vergrößerte den jüdischen Bevölkerungsanteil in Gera deutlich; allerdings bestanden zwischen den einheimischen und den zugewanderten »Ostjuden« kaum Kontakte. Zur jüdischen Gemeinde in Gera gehörten auch die wenigen in Greiz und Weida lebenden Familien.

David Wertheim war 1891 bis zu seinem Tode 1936 Prediger und Lehrer der liberalen Gemeinde.

Vereine: Wohltätigkeits- und Bestattungsverein, Israelitischer Frauenverein, Israelitischer Jugendverein, Jugendverband Blau-Weiß, RjF-Ortsgruppe, Sportverein »Bar Kochba« (später »Makkabi Bar Kochba«), Jung-Jüdischer Wanderbund, Bund der Kameraden sowie Gesellschaft zur Förderung des jüdischen Siedlungswerkes in der UdSSR.

Einen eigenen Friedhof haben die Geraer Juden nicht besessen. Verstorbene wurden entweder auf jüdischen Friedhöfen in Zwickau und Leipzig oder auf kommunalen Begräbnisstätten beerdigt.

Nordhausen

Die Nordhäuser Gemeinde erreichte 1910 den Spitzenwert von 452 Mitgliedern.

Rabbiner:

- 1856–75 *Dr. Samuel Auerbach*: orthodox; er kündigte nach der Harmonium-Anschaffung durch den Gemeindevorstand
- 1875–83 *Dr. David Leimdörfer*: in seine Amtszeit fiel die Errichtung der Plaut'schen Altenversorgungsanstalt
- 1883–89 *Dr. Siegmund Gelbhaus*
- 1889–1908 *Dr. Philipp Schönberger* (Pasewalk): er schrieb die Liturgie für die 1899 eingeführte Sonntagvormittags-Andacht, die nach einigen Jahren wieder eingestellt wurde
- 1909–25 *Alfred Levy*

Wikipedia

Schon 1845 eingeweiht: Synagoge Nordhausen.

Die meisten Nordhäuser Juden waren reformiert-liberal; in den 1850er-Jahren gab es auch hier heftige Dispute um Organisation und Kultus der Gemeinde, ebenso wie um Einbau und Nutzung einer Orgel.

Vereine: Wohltätigkeitsverein, Israelitischer Frauenverein, Ortsgruppen von CV, Zionisten und »Hilfsverein«, Deutsch-Jüdische Jugendgruppe, »Jacob-Plaut-Loge U. O. B. B.« und Verein Wanderfürsorge.

Nach 1883 wurde auf dem Synagogen-Grundstück im Stadtzentrum (Pferdemarkt) ein Gemeindehaus mit Rabbiner-Wohnung und jüdischer Religionsschule neu gebaut; die Synagoge wurde renoviert, vergrößert und 1845 eingeweiht. Erbaut wurde sie im neoromanischen Stil, der damals auch für christliche Kirchen modern war. Ein Zeitzeuge beschrieb 1852 das Verhältnis von Juden und Christen als »brüderlich«: Christliche

Wikipedia

Die Synagoge in Eisenach um 1900

Gäste nahmen an der Synagogen-Einweihung teil, und Juden feierten Christmetten und Luthers Geburtstag mit.

Die Brüder und Bankiers Jacob, Moritz und Gustav Plaut gaben der Stadt immer wieder Geld für wohltätige Zwecke, teils ausdrücklich zweckbestimmt auch für Arme evangelischer Konfession. 1881 eröffneten sie den Neubau einer Altenversorgungsanstalt mit 44 zentralbeheizten Zimmern. Sie nahm Personen über 50 Jahre auf, die mindestens fünf Jahre in Nordhausen gelebt hatten, wobei die Konfession keine Rolle spielte. Die J.Plaut'sche Stiftung war zuvor mit 300.000 Mark gestartet.

Eisenach

Bei der Eisenacher Gemeinde erreichte 1904 die Mitgliederzahl mit 430 ihren Höchstwert. Zuvor waren nach 1850 aus den umliegenden Dörfern zahlreiche Juden zugezogen, die 1862/64 eine Gemeinde gründeten. Ihr Betsaal befand sich am Jakobsplan 19, eine Schule (1865) und die Mikwe (1879) folgten.

1885 weihte man die neue Synagoge in der Wörthstraße (heute Karl-Marx-Str.) ein, die 1928 renoviert und mit einem

Denkmal für die jüdischen Gefallenen des I. Weltkrieges versehen wurde.

Eisenach war 1846–1876 und ab 1912 Sitz des Landrabbinats des Großherzogtums Sachsen-Weimar-Eisenach. Zuvor war dessen Sitz 1824–1846 und 1876–1912 in Stadtlengsfeld.

Rabbiner:
- 1828–71 *Mendel Hess*; Herausgeber der Wochenzeitschrift »Der Israelit des Neunzehnten Jahrhunderts«
- 1872–81 *Theodor Kroner*
- 1881–98 *Moses Salzer*
- 1898–1918 *Josef Wiesen*; er verklagte 1919/20 erfolgreich Artur Dinter wegen antisemitischer Hetzschriften

Einen eigenen Friedhof hatte die Gemeinde nie: Bis nach 1860 wurde der jüdische Friedhof Herleshausen mitgenutzt, danach ein kleines, abgetrenntes Areal auf dem kommunalen Friedhof in Eisenach.

Meiningen

Die Meininger Gemeinde erreichte 1925 ihren Spitzenwert mit ca. 500 Mitgliedern, wobei auch Juden in Walldorf und Dreißigacker dazuzählten. 1866 gründete sich die Gemeine neu, der sich die in Dreißigacker lebenden Juden anschlossen; sie umfasste zunächst 28 Familien. Meiningen war ab 1871 Sitz des Landrabbinats im Herzogtum Sachsen-Meiningen, zuvor war es Walldorf.

Wikipedia

1883 eingeweiht: Synagoge von Meiningen.

Wikipedia

1904 eingeweiht: Synagoge in Gotha.

Rabbiner:

- 1847–79 *Dr. Moses Dreifuß* (1806–1879): Studium in Würzburg, danach verschiedene Stellen als Lehrer und Prediger, ehe er 1847 in Meiningen die Stelle antrat
- 1881–95 *Dr. Moritz Dessauer* (1842–1895): Studium in Breslau und Heidelberg; 1871–81 Prediger in Köthen
- 1896–1938 *Dr. Leo Fränkel* (1867–1942): Studium in Breslau; 1889–96 Lehrer an Religionsschule in Breslau

Es gab eine Religionsschule und eine Mikwe. Die 1883 eingeweihte Synagoge am Synagogenweg (heute Pulverrasenweg) hatte Architekt Ernst Abesser (herzoglicher Landbaumeister), reich verziert mit maurisch-byzantinischen Elementen, entworfen. Sie bot 340 Sitzplätze und hatte eine Orgel von Schlimmbach & Sohn (Würzburg).

Vereine: ab 1840er-Jahre gesellige Vereinigung »Casino«; ab 1885 Jüdischer Kranken- und Sterbeverein; ab 1900 Israelitischer Frauenverein; außerdem Israelitischer Unterstützungsverein.

1870 entstand ein eigener Friedhof an der Nordseite des christlichen Friedhofs Berliner Straße.

Gotha

Die Gothaer Gemeinde erreichte 1933 – zusammen mit den in Waltershausen, Friedrichroda, Ohrdruf, Georgenthal und Bad Tennstedt lebenden Juden – ihre höchste Zahl an 494 Mitgliedern. 1866 war sie neu gegründet worden. Einen eigenen Rabbiner hatte die Gemeinde offenbar trotz ihrer Größe nicht, stattdessen aber mehrere hochgeachtete Religionslehrer.

Zunächst traf man sich in mehreren Betstuben in Privathäusern. 1904 weihte Landrabbiner Dr. Prager (Kassel) die neue Synagoge (Hohenlohe-Str., heute Moßlerstr.) ein, im neoromanischen Stil durch den Architekten Richard Klepzig (Gotha) entworfen.

Vereine: Israelitischer Frauenverein, Gemeindeverein, Jugendverein, Gotha-Loge von U. O. B. B., Schwesternloge, Zionistische Ortsgruppe mit Hebräisch-Schule.

Überregional bedeutsame Ereignisse:

- 1887 Jahresversammlung des »Vereins jüdischer Cultusbeamten Mitteldeutschlands«
- 1891 beteiligte sich die Gemeinde an reichsweiten Spendensammlungen für aus Russland vertriebene Juden, was prompt Antisemiten (Paul Langhans u. a.) auf den Plan rief; daher im gleichen Jahr auch Unterstützung für den in Berlin gegründeten »Verein zur Abwehr des Antisemitismus«.
- 1897 Konferenz des »Vereins Israelitischer Lehrer Mitteldeutschlands«
- Ab 1930 erschien die »Jüdische Zeitung für Thüringen« (Hg.: Leo Heilbrunn)

Ab 1867 gab es eine Religionsschule, außerdem eine Mikwe und ab 1870 einen eigenen Friedhof.

Mühlhausen

Die Mühlhäuser Gemeinde hatte 1933 ihre größte Zahl von 204 Mitgliedern.

Schon 1841 weihte sie eine Synagoge als schlichten Fachwerkbau ein, mit einem Rundfenster über dem Toraschrein versehen, die bis zu ihrer Zerstörung 1938 bestand (nach Sanierung 1998 wieder geweiht).

Rabbiner:

- 1841–59 *Dr. Gerson Cohn* (Dessau, gest. 1859)
- 1861–96 *Michael Fackenheim* (1828–1896), Urenkelin Avital/Erika Fackenheim heiratete berühmten deutsch-israelischen Autoren Schalom Ben-Chorin (1913–1999)
- 1924–38 *Max Rosenau* (1896–1963)

Vereine: seit 1839 Israelitischer Frauenverein; vor 1855 Israelitischer Begräbnisverein; seit 1875 Humanitätsverein (Ausbildungsbeihilfen, Unterstützung Hilfsbedürftiger); ab 1900 Wohltätigkeitsverein.

Ein Friedhof ist ab 1451 nachweisbar und wurde kontinuierlich genutzt, ehe die Gemeinde ab 1872 eine neue Begräbnisstätte auf dem kommunalen Friedhof Eisenacher Straße nutzte. Um 1900 musste auf Anweisung des Stadtrates der alte jüdische Friedhof geräumt werden; ein Teil der Grabsteine wurde auf den neuen Friedhof umgesetzt.

Stadtarchiv Mühlhausen (Tino Sieland 2022)

Wiederaufgebaut: Synagoge Mühlhausen.

Hetzen, Lügen, Diffamieren: Antisemitismus 1871–1933

Und der Jud mit krummer Ferse,
Krummer Nas' und krummer Hos'
Schlängelt sich zur hohen Börse
Tiefverderbt und seelenlos.

Wilhelm Busch: Die fromme Helene (1872)

Befeuert durch die christlichen Kirchen kann der Antisemitismus auf eine beinahe zweitausendjährige Tradition zurückblicken. Mit der Gründung des Kaiserreichs flaute er kurzzeitig ab, um schon 1873 mit dem Börsenkrach wieder aufzuflammen. Antisemiten-Kongresse in Dresden und Chemnitz 1882/83 stärkten die Bewegung; zahlreiche einschlägige Bünde und Vereine entstanden. Mit dem Ende des I. Weltkrieges und der beginnenden »Dolchstoßlegende« nahm der Antisemitismus in Wort und Tat drastisch zu: Auch vor politischen Morden wie dem an Außenminister Walther Rathenau oder KPD-Gründerin Rosa Luxemburg schreckte man nicht zurück. Am fanatischsten gebärdeten sich die Anhänger der 1920 in München gegründeten NSDAP. Im Nationalsozialismus wurde der Antisemitismus dann zur mörderischen Staatsdoktrin und mündete in die Shoah.

Die antisemitischen Schlagworte im Kaiserreich waren alle schon in der gescheiterten deutschen Revolution 1848/49 gesagt worden. Im rechten politischen Lager behauptete der Journalist Wilhelm Marr (1818–1904), dass die Emanzipation nichts geleistet habe und habe leisten können, um die moralische Minderwertigkeit der Juden zu beseitigen, da diese »rassisch-biologisch« bedingt sei.

Und auf der linken Seite stellte Eugen Dühring (1833–1921) im Jahre 1881»Die Judenfrage als Racen-, Sitten und Culturfrage«: »Was bleibt also übrig, als mit anderen als geistigen Mitteln… die Welt gründlich von allem Judenwesen zu erlösen?« Im Jahre 1900 forderte er unverblümt die »Vernichtung des Judenvolkes«.

Schon 1880, also nur wenige Jahre nach der rechtlichen Gleichstellung von Juden, forderte eine Reichstagspetition mit 265.000 Unterschriften (»Antisemiten-Petition«) die Rücknahme der Emanzipation. Und mit der Gründung von Marrs »Antisemitenliga« 1879 wurde eine neue Qualität der Judenhetze erreicht: Aus jahrhundertelanger Verachtung wurde Furcht, aus individuellem Anschwärzen eine Kollektivschuld, aus dem Vorurteil eine Ideologie, aus der Gassenparole ein politisches Programm.

Die Antisemiten-Petition hatten fast 20 % aller deutscher Studenten unterzeichnet, weshalb 1881 der Verein Deutscher Studenten (VDSt) als Dachverband studentischer Verbindungen gegründet wurde mit dem klaren Ziel, eine neue Generation deutschnational-antisemitischer Studenten heranzuziehen. Schon 1896 schloss der Verein Studenten jüdischer Herkunft explizit aus. Parallel dazu entstanden im Deutschen Reich dutzende »Reformvereine« und auch -parteien mit dem einzigen Ziel: Rücknahme der Juden-Emanzipation; die erwähnten »Antisemiten-Kongresse« taten ein Übriges.

Die Diffamierung von Juden ging auch nach 1900 kontinuierlich weiter. Die deutschen Juden waren in übergroßer Mehrheit sehr assimiliert und ausgesprochen patriotisch: 85.000 von ihnen kämpften im I. Weltkrieg »fürs Vaterland«, 12.000 davon fielen an der Front. Doch dank der »Dolchstoßlegende« hetzten Reaktionäre weiter gegen Juden, sodass sich der 1919 gegründete Reichsbund jüdischer Frontsoldaten zu entsprechender Aufklärung genötigt sah.

In der Weimarer Republik waren vor allem »Ostjuden« (die innerhalb der jüdischen Minderheit rund 10 % ausmachten) die Zielscheibe judenfeindlicher Hetze. Das ging so weit, dass

DNVP und NSDAP schon 1922 forderten, sie in Lagern unterzubringen oder auszuweisen, was tatsächlich geschah: Zwischen 1922 und 1933 wurden rund 39.000 »Ostjuden« aus dem Reich ausgewiesen. Politische Hetze bewirkte Ausschreitungen gegen sie in Oberschlesien (1922) und Berlin (1923), zeitgleich dazu auch Übergriffe in Erfurt, Nürnberg u. a.

Nach einem beängstigenden Ausbruch des Antisemitismus zwischen 1919 und 1923 verliefen die Jahre von 1924 bis 1929 etwas ruhiger. Aber aufmerksamen Beobachtern (wie dem »Central-Verein deutscher Staatsbürger jüdischen Glaubens«) war klar, dass die NSDAP ihren Einfluss im ganzen Lande ausbreitete und einen neuartigen, äußerst effektiven Organisations- und Propaganda-Apparat errichtete: Es gab uniformierte Aufmärsche mit Marschmusik selbst noch im kleinsten Dorf, und die anschließenden Reden gegen die verhasste »Judenrepublik« als Teil der jüdischen Weltverschwörung benannten die vermeintlich Verantwortlichen für alle Nöte des Publikums.

Nachfolgend einige für Thüringen relevante Personen und Organisationen.

Wikipedia

Kein Schöngeist, sondern ein übler Antisemit: Adolf Bartels 1896.

Adolf Bartels (1862–1945)

Adolf Bartels stammte aus Schleswig-Holstein, brach die Schule kurz vor dem Abitur ab, war ohne Berufsabschluss und betätigte sich zunächst als Redakteur u. a. in Frankfurt/Main, wo er in antisemitischen Kreisen verkehrte. Ab 1896 wurde er freier Schriftsteller und zog nach Weimar, wo 1901 seine »Geschichte der deutschen Literatur« erschien, die mit Bemerkungen zur »arischen Rasse« begann. Typisch für ihn wurde seine regelrechte Manie, Autoren als »Juden« zu diffamieren und zur Rechtfertigung zu zwingen. 1905 zum Professor h.c. ernannt (wiewohl ohne jeden akademischen Abschluss), erreichte er ein Jahr später mit seinem Pamphlet »Heinrich Heine. Auch ein Denkmal« den Durchbruch: Er bezeichnete es als »Kotau (d.h. Kniefall) vor dem Judentum«, wenn »das deutsche Volk« dem »Decadence-Juden Heinrich Heine« ein Denkmal errichte – was in ganz Deutschland für einen Skandal sorgte.

Bartels wollte der Moderne, den internationalen Verflechtungen usw. ein »überall wahrhaft bodenständiges Deutschtum mit ausgeprägtem Sondercharakter« entgegenstellen, wobei »das Christentum viel helfen« könne, »aber nicht das bisher auch in unserer Kirche vertretene Judenchristentum, (...) sondern ein neues Deutschchristentum.«

Den Begriff »Heimat« gebrauchte er geradezu inflationär, gern in Verbindung mit der Gedankenachse »Stamm – Volk – Rasse« und schloss Juden davon explizit aus: *»Ich will nicht mit dir, du Jude, zu tun haben, nicht mit Handel und Wandel, nicht im persönlichen Verkehr, ich will deine Zeitungen und Romane nicht lesen, deine Theaterstücke nicht sehen, deine Vorträge nicht hören«*, um zu fordern: *»Die Juden müssen (...) geschlossene Gesellschaften innerhalb der politischen Gemeinden bilden. Sie müssen bestimmte, ihnen zugewiesene Namen führen.«*

Ab 1907 gehörte Bartels dem Deutschbund an, in dem er bald »einen wirksamen Rückhalt« besaß. Beim »Deutschen Tag« 1913 in Eisenach war er einer der wesentlichen Organisatoren; dort schlossen sich 17 völkische Bünde zur Deutschvölkischen Vereinigung zusammen. 1920 fand in Weimar erneut ein »Deutscher Tag« statt, dem bis 1924 weitere folgten – 1922 in Coburg bereits mit SA-Beteiligung. Stets war Bartels als »Führer« beteiligt und nahm nun auch als anerkannte Autorität auf antisemitische Verbände Einfluss.

Der 1920 in Leipzig gegründete »Bartels-Bund« wurde zur Schnittstelle von völkischer Bewegung und Nazi-Partei. Der Bund wurde für zahlreiche spätere NSDAP-Größen zum

»Durchlauferhitzer«, u.a. für Reichsjugendführer Baldur von Schirach. Schon 1924 zeigte Bartels mit seiner Schrift »Der Nationalsozialismus. Deutschlands Rettung« als »antiparlamentarischer Bewegung« den Ausweg aus der »verkappten Judenherrschaft«, womit dem Volk »sein Bestehen, seine gesunde Fortentwicklung« gesichert werden könne. Am Nationalsozialismus war für ihn »das Entscheidende (...), daß man in der Judenfrage endlich Ernst macht.« Ein Jahr später ernannte ihn die NSDAP-Ortsgruppe Weimar zu ihrem Ehrenmitglied. Und 1942 bedankten sich die Nazis bei ihrem »völkischen Vorkämpfer« mit dem »Goldenen Parteiabzeichen«.

Artur Dinter (1876–1948)
Geboren in Mühlhausen/Mulhouse, las er während eines längeren Lazarettaufenthalts im I. Weltkrieg die Schriften von Houston Stewart Chamberlain (1855–1927), eines führenden englisch-deutschen Antisemiten, und wurde rasch zu einem Anhänger der völkischen Bewegung.

1919 ließ er sich als freier Schriftsteller in Weimar nieder, nachdem 1917 sein Bestseller »Die Sünde wider das Blut« als Teil der antisemitischen Trilogie »Die Sünden der Zeit« erschienen war. Darin behauptete er eine angebliche Vorliebe jüdischer Männer für blonde Frauen und daraus entstehende »fatale Konsequenzen« solcher Verbindungen. Bis 1934 erreichte er eine Gesamtauflage von über 260.000 Exemplaren und setzte die rassistisch-völkischen Vorstellungen seiner Zeit in literarisch eindringliche Stereotype um.

Dinters Denken wurde in den Jahren nach dem Krieg zunehmend radikaler und rassistischer. 1919 hatte er sich bereits an der Gründung des Deutschvölkischen Schutz- und Trutzbundes beteiligt und gehörte bis zu dessen Verbot 1922 dem Vorstand an. Danach wurde er Gründungsmitglied der Deutschvölkischen Freiheitspartei (DVFP) und trat in näheren Kontakt zu Adolf Hitler. Nach dem NS-Putschversuch in München 1923 wurde Dinter 1924 Fraktionsführer des »Völkisch-Sozialen Blockes« (VSB) im Thüringer Landtag und näherte sich zunehmend den Positionen der NSDAP an. Hitler ernannte ihn noch während seiner Haft in Landsberg am Lech zum NSDAP-Gauleiter von Thüringen. Zugleich wurde Dinter Herausgeber der in Weimar erscheinenden Zeitung »Der Nationalsozialist«.

Seine 1927 gegründete »Deutsche Volkskirche« mit ihrer »arisch-heldischen Lehre Jesu« zog seine Entlassung als Gauleiter und seinen NSDAP-Ausschluss nach sich.

Max Robert Gerstenhauer (1873–1940)
Geboren in Barchfeld an der Ilm, studierte Gerstenhauer Rechts- und Staatswissenschaften in Heidelberg, Berlin, Halle und Jena. Inspiriert von verschiedenen Rassentheoretikern, forderte er schon 1913 im Kampf gegen »Rassenverfall durch Zivilisation und Rassenvermischung« eine »Züchtigungspolitik« und die »Ausmerzung der Minderwertigen«.

Im Alldeutschen Verband leitete er zunächst die Ortsgruppe Meiningen/Werra, ab 1914 war er Mitglied des reichsweiten Gesamtvorstandes. Nach Mitgliedschaft im Deutschvölkischen Schutz- und Trutzbund wurde er 1921 Bundesgroßmeister des Deutschbundes.

Als Landesvorsitzender der Wirtschaftspartei (WP) und zugleich Landtags-Mitglied seit 1924, verschaffte er der nationalsozialistisch dominierten Baum-Frick-Regierung durch die WP-Beteiligung im Januar 1930 die nötige Mehrheit und war ein »eifriger Parteigänger Wilhelm Fricks«, des NSDAP-Ministers für Inneres und Volksbildung.

Im Rahmen des Deutschbundes hatte er schon 1927 ein »Bundesrassenamt« gegründet, das er zusammen mit Hans F. K. Günther (»Rasse-Günther«) leitete. Günther seinerseits – obwohl nicht habilitiert – wurde 1930 durch Frick zum Professor am »Lehrstuhl für Rassenfragen und Rassenkunde« der Universität Jena berufen.

Die Thüringer Evangelische Kirche formte Gerstenhauer aktiv Richtung »Deutsche Christen« (DC) um. DC-Aktivisten waren zugleich meist auch Mitglied in »Stahlhelm«, NSDAP, SA und/oder SS. Im Thüringischen Landeskirchentag, dem

»Parlament« der Landeskirche, bildete Gerstenhauer eine DC-Fraktion mit nur drei Mitgliedern, die 1929–30 immer stärker die Themen des Gremiums bestimmte. Schon im März 1933 ersetzte die Landeskirche ihre Verfassung durch das »Führerprinzip«.

Mitglied der NSDAP seit 1931, brachte Gerstenhauer es in seiner Beamtenlaufbahn 1936 bis zum Ministerialdirektor beim Innenministerium des Landes Thüringen.

Paul Langhans (1867–1952)
wurde nach dem Studium der Volkswirtschaftslehre ab 1889 Kartograph bei Justus Perthes (Gotha). Ab Ende 1899 war er Gothaer Vertrauensmann, 1907–42 dann Bundeswart des Deutschbundes (s. u.). 1902–15 gab er die Zeitschrift »Deutsche Erde« heraus, die der »wissenschaftlichen Begründung und Vertiefung der deutschnationalen Bewegung« dienen sollte; außerdem edierte er zahlreiche völkisch-nationalistische Kartenwerke.

Als der Alldeutsche Verband 1918 einen »Judenausschuss« einrichten wollte, vertrat er den Deutschbund. Langhans trug maßgeblich dazu bei, dass sich der Deutschbund immer völkisch-radikaler entwickelte und sich mit der NSDAP verquickte.

Er war Mitglied der Deutschsozialen Reformpartei und 1896–1907 Herausgeber des »Antisemitischen Monatsblatts«. 1931 wurde Langhans NSDAP-Mitglied und bald darauf deren Schulungsredner.

Georg Stammler (1872–1948)
hieß eigentlich Ernst Emanuel Krauss und stammte aus Württemberg. Nach einer Buchhändlerlehre arbeitete er ab 1908 in der Buchhandlung der Freien Schule Wickersdorf (b Saalfeld). Ab 1912 wohnte er einige Zeit in der Gartenstadt Dresden-Hellerau und ließ sich ab 1917 dauerhaft in Thüringen nieder. Er veröffentlichte ab 1914 zahlreiche Schriften und Gedichte mit antisemitischem Inhalt, die enormen Einfluss auf die bündische Jugendbewegung hatten: Durch Urbanisierung

und Ökonomisierung entwurzelte Individuen sollten in eine »solidarische Volksgemeinschaft überführt« werden; auch propagierte er Siedlungsgemeinschaften.

Nach dem I.Weltkrieg hatte er eine Gruppe von Gefolgsleuten in Mühlhausen/Thür., die als »Werkschar« Flugblätter verbreitete. Ab 1924 war er Mitglied der Nationalsozialistischen Freiheitspartei (NSFP), dem NSDAP-Ersatz während der 15-monatigen Verbotsphase nach dem gescheiterten Hitlerputsch vom 09.11.1923. Die NSFP errang 1924 bei den Reichstagswahlen 14 Mandate. Außerdem war Stammler Mitglied beim radikal-völkischen Siedlungsbund der »Artamanen«.

Deutschbund

Der völkische Journalist Friedrich Lange (1852–1917) gründete den Deutschbund 1894 in Berlin. In seiner »Weiherede: Was ist und will der Deutschbund?« klagte er die Regierenden an:

»Jawohl, sie führen uns, gehen uns voran – in die Knechtschaft des Judentums; sie zeigen uns Mittel und Wege, wie wir uns ohne Not vor englischer Anmaßung und Schlauheit demütigen, wie wir mitten im Frieden Land und Volk an die slawische Einwanderung verlieren, wie die deutsche Kraft des soliden Handwerks vom Wucher der Geldmenschen erstickt wird und wie der deutsche Urwuchs des Bauerntums Not leidet.«

Alle »Deutschbund-Gemeinden« (d. h. Ortsverbände) sollten *»anstelle des törichten Standesdünkels das Gefühl der Volksgemeinschaft... setzen, um die abgerissene Brücke des freimütigen Vertrauens zwischen arm und reich, hoch und niedrig (sic!) wiederherzustellen«*. Diese soziale Demagogie war so wirkungsvoll, dass sie auch linke Kreise erreichte. Zugleich forderte der Bund *»die Befreiung des deutschen Volkstums von der Entartung durch jüdisches Blut und jüdisches Gold, denn wohin es kommt, verdirbt es das Erbe der Väter in jedem Volke und sät Unkraut auf jedem Acker.«*

Der Deutschbund beschloss schon 1913 einen »Rassen-Arbeitsplan«, der sich wie eine Blaupause des NS-Rassenwahns liest. Die rund 3.200 Mitglieder (ca. 1924) waren hauptsächlich mittlere und höhere Beamte, Lehrer und städtische Intelligenz. Bundeswart war bis 1907 Friedrich Lange (Berlin), danach bis 1942 Paul Langhans (Gotha). Die Zahl der Gemeinden stieg von 35 (1903) auf 60 (1913). In Thüringen war der Deutschbund u. a. in Gotha, Altenburg, Jena, Rudolstadt, Sondershausen und Eisenach vertreten, wobei Gotha eindeutige Hochburg war : Hier gab es 1911 allein 97 Brüder und 45 Freunde, die eine Bücherei, einen »Eisernen Fonds« sowie eine Unterstützungs- und Sterbekasse unterhielten. Außer den 14-tägigen Gemeindesitzungen gab es auch »Deutsche Abende«, zu denen teils auch das Herzogspaar mit Gefolge erschien. Der Deutschbund in Gotha zog die Gründung weiterer völkischer Vereinigungen nach sich.

Die Mitglieder wirkten auch in andere völkisch-nationalistische Organisationen hinein, besonders in den Alldeutschen Verband. Der von beiden angestrebte »Judenausschuss« kam durch die Novemberrevolution 1918 zwar nicht zustande, mündete aber 1919 in die Gründung des Deutschvölkischen Schutz- und Trutzbundes, der 1922 nach dem Mord an Außenminister Walther Rathenau verboten wurde.

Deutschsoziale Partei/ Deutsche Reformpartei/ Deutschsoziale Reformpartei (DSRP)

Alle drei Parteien waren klar antisemitisch, wobei die DSRP 1894–1900 als Zusammenschluss von Deutschsozialer Partei und Deutscher Reformpartei bestand. Hochburgen bestanden im heutigen Hessen und Sachsen sowie in Schmalkalden und Eisenach.

Nachdem die Antisemiten 1893 bei der Reichstagswahl 16 Mandate gewonnen hatten, bemühten sie sich um die Bildung einer gemeinsamen Partei und Fraktion: Beim Parteitag in Eisenach 1894 kam es daher zur DSRP-Gründung. Ein Jahr später in Erfurt gab es den Parteitagsbeschluss, wonach die DSRP auf deutsch-nationaler, monarchischer und »christlicher« Grundlage arbeiten und den »wachsenden politisch-wirtschaftlichen Einfluss des Judentums« bekämpfen wollte. Auch wenn sich die verschiedenen Parteiflügel teils erbittert bekämpften, bildete die »Judenfrage« den gemeinsamen Nenner: Offen bekannte man sich zum Rassen-Antisemitismus und forderte die Rücknahme der Judenemanzipation.

Entrechtet, verfolgt, ermordet: NS-Regime und Shoah (1933–1945)

Das Fürchterliche an der Shoah ist eben nicht,
dass die Nazis unmenschlich waren;
das Fürchterliche ist,
dass sie menschlich waren – wie Sie und ich.

Yehuda Bauer (israelischer Historiker)
im Deutschen Bundestag 1998

Unausweichliches Schicksal?

Auf den ersten Blick erscheint die Frage müßig: Wäre die Shoah, d. h. die systematische Ermordung der Juden in Thüringen, ganz Deutschland und fast ganz Europa, zu verhindern gewesen? Doch der Eindruck täuscht aus mindestens zwei Gründen: In Deutschland wurde das »Euthanasie-Programm« – d. h. der systematische Mord an Menschen mit Behinderung – aufgrund massiver Proteste aus der Bevölkerung und aus beiden christlichen Kirchen, durch Hitler am 24.08.1941 gestoppt.

Und in Dänemark konnten – wie man heute weiß – durch einzigartiges, mutiges Zusammenwirken der Zivilgesellschaft und durch die Aufnahmebereitschaft Schwedens im Oktober 1943 fast alle dänischen Juden vor ihrer Deportation und Ermordung gerettet werden (und nicht etwa durch »menschliche Regungen« von SS-Obergruppenführer Werner Best, wie später gerne behauptet).

Dem waren allerdings schon ab 1929 Diskussionen in der dänischen Gesellschaft vorausgegangen, wer zu ihr gehört – und wer nicht. Vordenker wie der Philosoph Hartvig Frisch mit seinem Buch »Pest over Europa« stellten klar, dass Demokraten gleich welcher Religion und politischen Ausrichtung zur

Gesellschaft gehörten – Kommunisten und Nazis die Demokratie hingegen ernsthaft bedrohten.

In Deutschland gelang es Hitler, nach dem »Schandfrieden von Versailles«, nach Hyperinflation und Weltwirtschaftskrise die Deutschen glauben zu machen: »Wer ein guter Deutscher ist, der ist Nationalsozialist!«. Im Gegensatz dazu fragte sich die dänische Regierung, wer sich am ehesten auf die Seite totalitärer Bewegungen schlagen würde – und erkannte schnell die Randgruppen als am gefährdetsten. Sie investierte daher massiv in Sozialprogramme und Arbeitsplätze, statt in Aufrüstung. Dabei suchte sie immer wieder den Konsens mit der Opposition, was in den 1930er-Jahren zu einem starken »Wir-Gefühl« in der Gesellschaft führte, das Juden völlig selbstverständlich mit einschloss.

In Deutschland hingegen redete Hitler schon im NSDAP-Parteiprogramm von 1920, mehr noch aber in »Mein Kampf« (1925/26 erschienen, bis 1944 in einer Gesamtauflage von 10,9 Mio.) Klartext, wie er mit den Juden zu verfahren gedenke. Pointiert drückte er es in einem seiner »Monologe im Führer-Hauptquartier« am 25.10.1941 aus:

»Vor dem Reichstag habe ich dem Judentum prophezeit, der Jude werde aus Europa verschwinden, wenn der Krieg nicht vermieden bleibt. Diese Verbrecherrasse hat die zwei Millionen Toten des Weltkrieges auf dem Gewissen, jetzt wieder Hunderttausende. Sage mir keiner: ›Wir können sie doch nicht in den Morast schicken!‹ Wer kümmert sich denn um unsere Menschen? Es ist gut, wenn uns der Schrecken vorangeht, daß wir das Judentum ausrotten.«

In Thüringen kam noch erschwerend hinzu, dass hier schon ab den 1880er-Jahren antisemitische Hetzer und ab Ende der 1920er-Jahre die »Deutschen Christen« Hochkonjunktur hatten und ihnen kaum widersprochen wurde. Und mit der NS-Machtübernahme blühte das Denunziantentum hier in einem solchen Maße, dass sich das Thüringische Ministerium des Innern genötigt sah, in einem Erlass vom 26.05.1934 die »leichtfertige Erstattung ungerechtfertigter

Anzeigen« unter Strafe zu stellen, da ansonsten die Gestapo völlig überlastet sei.

Doch die NS-Herrschaft begann in Thüringen nicht erst 1933, sondern im Grunde schon mit dem Antritt der Baum-Frick-Regierung unter NSDAP-Beteiligung im Januar 1930. Und antisemitische Angriffe geschahen schon weit davor, um nur einige Beispiele zu nennen:

- 1920 und 1924 Eisenach: Schaufenster und Namensschilder jüdischer Geschäfte werden mit roter Farbe beschmiert, 1923 und 1925 die Fenster der Synagoge eingeworfen.
- September 1927 Gera: Nazis zertrümmern am Kaufhaus Bütow zwei und am Warenhaus Tietz eine große Fensterscheibe. Täter sind der Herausgeber der antisemitischen »Sturmglocke« und drei Mittäter.
- April 1931 Nordhausen: Nachts werden in alle jüdischen Geschäfte mit Diamantglasschneidern große Hakenkreuze eingeritzt.

Um sich ein Bild davon zu machen, wie sich die Ausgrenzung, Demütigung, Entrechtung, Deportation und Ermordung der Juden in Thüringen in der Praxis gestaltete, wird im Folgenden wieder ein Schlaglicht auf die verschiedenen Lebensbereiche geworfen.

Wohnen

Die Mehrheit der jüdischen Bürger stammte aus klein- bis gutbürgerlichen Verhältnissen. Ihre Situation verschlechterte sich häufig allerdings schon in der Weimarer Republik: Hyperinflation und Weltwirtschaftskrise zwangen viele Juden zum Umzug in kleinere Wohnungen oder gar ins Altersheim; die Wohnungsnot tat ein Übriges.

Dieser Trend wurde im Nationalsozialismus durch die erzwungene Arbeitslosigkeit von Juden noch verstärkt, weshalb manche Familien innerhalb weniger Jahre gleich mehrfach umziehen mussten. Und für die Nazis unter den Vermietern war eine »Hausgemeinschaft« nur mit Menschen »gleicher Art und gleichen Blutes« möglich, weshalb sie jüdische Mieter kurzerhand hinauswarfen.

Für neue hinzuziehende Juden wurde es immer schwerer, eine Wohnung zu finden: Private nichtjüdische Vermieter wollten oder trauten sich nicht mehr, an sie zu vermieten, den Kommunen war es nach den Nürnberger Gesetzen untersagt, und jüdische Mitglieder der Wohnungsgenossenschaften wurden unter Druck gesetzt, ihre Wohnung zu verkaufen – teils schon 1933.

Selbst auf dem Lande mussten Juden Ende der 1930er-Jahre aus ihrem eigenen Besitz ausziehen und wurden dann in miserablen »Judenhäusern« zusammengepfercht. Und manche Großstädte (u. a. Hamburg, Dresden, München) verbannten Juden in eigens eingerichtete Barackenlager. Das ständige Umziehen in immer kleinere Wohnungen, ja zum Schluss nur noch einzelne Zimmer, zwang die jüdischen Familien dazu, sich von immer mehr Besitz zu trennen, vertraute Umgebungen und Nachbarn aufzugeben und damit auch Geborgenheit zu verlieren.

»Judenhäuser« trieben das auf die Spitze: Das erzwungene Teilen einer Wohnung mit mehr oder weniger Fremden verletzte nicht nur die Menschenwürde und die Intimsphäre, sondern setzte die Menschen unter Dauerstress.

Alltag

Schon 1933 hatten sich die Einkaufsmöglichkeiten für Juden verschlechtert. Hinzu kamen:

- ab 1936 der erzwungene Verzicht auf nichtjüdische Dienstmädchen
- die immer weitere Beschränkung von Einkaufsquellen und -zeiten in den Folgejahren sowie
- die für alle Deutschen gültige Rationierung bestimmter Lebensmittel schon vor Kriegsbeginn, die allerdings für Juden ungleich härter ausfiel.

Kollektiver Druck sorgte dafür, dass in der Nazizeit ein Geschäft nach dem anderen seine Schaufenster mit Schildern wie »Deutsches Geschäft« oder »Juden unerwünscht« versah. Juden waren auch die ersten, deren Lebensmittel systematisch rationiert wurden, und die schon ab 1939 nur noch in sogenannten »Judenverkaufsstellen« oder maximal anderthalb Stunden vor Ladenschluss einkaufen durften.

Jüdische wie nichtjüdische Deutsche versuchten, die Entbehrungen der NS-Mangelwirtschaft durch Einkäufe auf dem Schwarzmarkt auszugleichen. Doch bei Razzien drohten Juden ungleich höhere Strafen: Zwei jüdische Ilmenauerinnen wurden im September 1941 wegen »Hamsterns« von Kartoffeln und Obst verhaftet und ins KZ Breitenau gebracht.

Es ist an dieser Stelle unmöglich, all die absurden Alltagsschikanen, -demütigungen und -verbote aufzulisten, von denen Juden im NS-Regime betroffen waren. Am demütigendsten war zweifellos die Pflicht zum Tragen eines »Judensterns« ab September 1941. In Summe sprachen die NS-Maßnahmen, die von der Verwaltung und großen Teilen der Bevölkerung mitgetragen, ja teils noch aktiv weitergetrieben wurden, jüdischen Staatsbürgern ihre Teilhabe an der Gesellschaft, ihr Menschsein und letztlich ihr Lebensrecht ab.

Familienleben

»Mischehen« zwischen Juden und Nichtjuden standen schon zeitig im Fokus der NS-Propaganda. Mancherorts registrierte die Gestapo eine regelrechte »Rassenschande-Psychose«, von Parteiseite geschürt. Schon ab März 1933, mit der Errichtung der ersten KZs,wurden Juden mit dem »Rassenschande«-Vorwurf, d. h. sexuellen Beziehungen zu Nichtjuden, dort eingesperrt. Die Nürnberger Gesetze von 1935 legitimierten diese Maßnahmen rechtlich.

1938 folgte eine Revision des allgemeinen Ehegesetzes, das die Auflösung von Mischehen deutlich erleichterte, wodurch der öffentliche Druck auf den nichtjüdischen Partner enorm wuchs. Gab er diesem Druck nach (was nicht selten vorkam) und ließ sich scheiden, oder starb er, erlosch für den jüdischen Partner jeglicher Schutz, drohte auch ihm die Deportation.

Ausgenommen davon waren nur »privilegierte Mischehen«, bei denen der Mann nichtjüdisch und die Frau jüdisch war (kinderlos oder mit nichtjüdisch erzogenen Kindern): Sie blieben vom Umzug ins »Judenhaus« und vom Tragen des gelben Sterns verschont. Der Grund: Dort gab es teils familiäre Verbindungen bis in führende Kreise der NSDAP und der Staatsverwaltung.

Bildung

Die Belästigungen und Drangsalierungen jüdischer Kinder auf ihrem Schulweg, die es schon in den letzten Jahren der Weimarer Republik gab, wurden nun noch heftiger. In manchen Klassen wurden »Judenbänke« eingerichtet, und jüdischen Kindern wurden Bestnoten und sportliche Auszeichnungen verweigert.

Das Gift der Nazi-Ideologie sickerte auch in private Kontakte und Freundschaften ein und ließ diese zwischen jüdischen und nichtjüdischen Kindern zerbrechen. Zu den bittersten Erfahrungen gehörte es, von einem bislang verehrten Lehrer plötzlich als Jude zurückgewiesen zu werden.

Schon ab 1936 begann man, jüdischen Kindern den Besuch öffentlicher Schulen zu untersagen, und ab 15.11.1938 blieb ihnen nur noch der Besuch einer jüdischen Schule – sofern vorhanden. Zuvor waren gerade weiterführende Schulen von vielen jüdischen Schülern schon verlassen worden, weil sie die zunehmend feindliche Atmosphäre dort nicht mehr aushielten.

Noch schneller verdrängt wurden die Juden von den Hochschulen: An der Thüringer Landesuniversität Jena herrschte schon in den 1920er-Jahren ein ausgeprägt antisemitisches Klima. Ab 1933 ging hier wie andernorts die Zahl jüdischer Studenten drastisch zurück, bis sie den Nullpunkt erreichte. Dazu hatten auch die Streichung von Stipendien und jeglichen sozialen Vergünstigungen sowie der Ausschluss aus der Studentenschaft beigetragen. Und wer sein Studium trotzdem noch erfolgreich abschloss, dem wurde die Ausübung des studierten Berufes meist verwehrt, sodass nur noch die Emigration blieb.

Beruf und Arbeit

Der »Judenboykott« am 01.04.1933, von der NSDAP organisiert und reichsweit durchgeführt, setzte – auch wenn der von den Nazis erhoffte Erfolg ausblieb – eine Zäsur im Gemeinwesen. Doch auch er hatte eine Vorgeschichte: Schon ab Mitte der 1920er-Jahre begingen SA-Trupps der NSDAP immer öfter Gewalttaten gegen Juden, ihre Geschäfte, Wohnungen und Einrichtungen und bedrohten jüdische Freiberufler, Ärzte und Anwälte. Dies zwang schon zu dieser Zeit manchen Betrieb mit jüdischem Inhaber zur Aufgabe. Mit der Weltwirtschaftskrise wurden zunehmend »jüdische« Warenhäuser zur Zielscheibe des Judenhasses.

Im Bereich Einzelhandel war der April-Boykott, den die Bevölkerung passiv geschehen ließ, nur ein »Meilenstein der Schikanen«: Im Mai 1933 folgte das »Gesetz zum Schutz des Einzelhandels«, mit dem »jüdische« Geschäfte einfach geschlossen bzw. ihr Weiterverkauf verhindert werden konnte. Doch die von den Nazis organisierten Schikanen gingen noch weiter:

- Die Belegschaft wurde gezielt gegen die jüdischen Inhaber oder Kollegen aufgehetzt.
- Kunden bezahlten zum Teil schon ab Ende 1932 Rechnungen nicht mehr oder blieben überhaupt fern.
- Käufer wurde öffentlich angeprangert und Listen von »Judenknechten« ausgehängt. Treue Kunden kauften deshalb teils im Schutze der Nacht oder nur noch am Hintereingang.
- Lieferanten kündigten Lieferbeziehungen oder gründeten Organisationen, die Juden aus dem Handelskreislauf ausschalten sollten.
- Banken kündigten Kredite und Darlehen.

- Zeitungen lehnten Anzeigen-Aufträge von Juden ab.
- Nazi-Organisationen drohten Betriebsinhabern und Kunden, agitierten öffentlich, hetzten an und vor Geschäften, griffen Geschäftsleute tätlich an oder zerstörten gar ihre Läden.

Im Bereich der Juristik erschienen SA-Leute bei Gerichtsverhandlungen und zwangen mit Drohungen und Gewalt jüdische Richter und Rechtsanwälte zum Verlassen der Gerichtsgebäude. Julius Streichers Hetze »Wer heute noch zu einem jüdischen Anwalt geht, ist ein Volksverräter«, hing nicht nur in dessen »Stürmer-Kästen«, sondern auch an zahlreichen Gerichtstafeln, schreckte mögliche Klienten ab und trieb jüdische Anwälte weiter in den Ruin.

Vom öffentlichen Dienst wurden die wenigen hier beschäftigten Juden schon kurz nach dem Boykott vom 01.04.1933 komplett ausgeschlossen. Per Gesetz hatten sie dazu während der Weimarer Republik zwar uneingeschränkten Zugang, in der Praxis jedoch kaum.

Auch jüdische Ärzte wurden systematisch aus ihren Berufen verdrängt: Die Nazis unter den nichtjüdischen Ärzten (von denen nicht wenige später in die SS eintraten und in KZ's tätig wurden) hatten schon 1930 zum Boykott ihrer jüdischen Kollegen aufgerufen, und die offizielle Ärztevertretung schwieg dazu. 1933 wurden ihre Pläne in die Tat umgesetzt, indem man jüdischen Ärzten die Kassenzulassung entzog.

1938 erlosch dann die Approbation jüdischer Ärzte vollständig, und allen jüdischen Anwälten wurde die Zulassung entzogen. Sie wurden zum »Krankenbehandler« bzw. »Rechtskonsulenten« degradiert und mussten selbst darüber wachen, dass sie nur noch Juden behandelten bzw. berieten.

Wer sein Amt oder seine Stelle verloren hatte, versuchte, Ersatz zu finden: Akademiker gingen als Lehrer an jüdische Schulen, Ärzte übernahmen die häusliche Krankenpflege, und viele Juden versuchten es als Vertreter, Zeitschriftenwerber u. ä. Nicht wenige Juden betätigten sich nun auch in jüdischen Organisationen. All das reichte meist nicht für den

Lebensunterhalt, weshalb man auf Ersparnisse zugreifen oder Zimmer vermieten musste – in oft ohnehin immer knapper werdenden Räumlichkeiten.

Jüdische Organisationen propagierten daher verstärkt die »Umschichtung«, d. h. das Erlernen handwerklicher Berufe durch Erwachsene. Die hatten allerdings oft weder die nötige Geduld, noch die Mittel für eine komplette Fachausbildung. Und das Berufsethos war teils ein enormes mentales Hindernis, wie eine Ärztin 1938 nach Entzug ihrer Approbation schrieb: »Ich esse nicht, ich schlafe nicht, ich habe immer das Gefühl von Sterben und Untergang. Mir fehlt mein Beruf, daran gehe ich zugrunde.«

Gemeinden und Religion

Die jüdischen Gemeinden standen durch Gestapo-Terror, Mitglieder-Fluktuation und Geldmangel unter enormem Druck. Gleichzeitig gab es immer mehr Menschen, die nach einer sinnvollen Tätigkeit oder einem geistig-emotionalen Zuhause suchten. Man förderte daher die Auswanderung jüngerer Mitglieder und versuchte, die Not zu lindern, indem man die Angebote, wo irgend möglich, erweiterte.

Die Rabbiner wurden immer mehr zum Helfer in allen Lebensbereichen und hielten tägliche Sprechstunden ab, bei denen sich teils lange Warteschlangen bildeten. Die ohnehin knappe Zahl an Rabbinern sank durch Auswanderung bis Ende 1939 auf nur noch 36 im Altreich. Ausländischen Rabbinern konnte jederzeit die Aufenthaltsgenehmigung entzogen werden.

Der Gottesdienst-Besuch, der in den 1920er-Jahren an Bedeutung verloren hatte, lebte nun wieder auf: Die Predigt verband jetzt religiöse Auslegung mit praktischen Informationen, die anderswo nicht mehr vermittelt werden konnten. Oft sprachen die Rabbiner angesichts der Gestapo-Spitzel auch in Allegorien oder spielten mit traditionellen Zitaten auf die NS-Verfolgung an. Predigtverbote führten zu verstärkter Selbstzensur.

Bei den jüdischen Festen standen neben Pessach nicht mehr Rosch Haschana und Jom Kippur im Mittelpunkt, sondern Purim und Chanukka, und die Pessach-Losung »Von der Sklaverei zur Freiheit« wurde zur jüdischen Hoffnung schlechthin. In die gleiche Richtung wurden auch Purim und Chanukka umgedeutet und zum Symbol jüdischer Widerstandskraft.

Das Pogrom vom 09./10.11.1938 setzte eine Zäsur: Von 32 Synagogen und Betsälen in Thüringen existierte ab da keine einzige mehr. Ähnliches geschah im ganzen Reich. Und für das NS-Regime war nun offensichtlich, dass es bei offenem Terror gegen Juden nicht mit nennenswertem Widerstand aus der Bevölkerung rechnen musste, im Gegenteil: Vielerorts in ganz Deutschland wurde die SA noch tatkräftig unterstützt, wenn sie jüdische Einrichtungen und Läden zerstörte, jüdische Männer aus den Betten holte und auf Lastwagen prügelte, die diese dann ins KZ (Buchenwald oder ein anderes) brachte.

Ein Gemeindeleben war ab da vielerorts unmöglich: Mit der Zerstörung der Synagogen verloren gerade Kleingemeinden ihren letzten verbliebenen Treffpunkt; weitere Schikanen seitens der Nazis taten ihr Übriges.

Emigration

Die Zahl der jüdischen Emigranten aus Deutschland stieg von 37.000 (1933) auf 78.000 (1939). Die Emigranten machten sich ihre Entscheidung nicht leicht. Der Görlitzer Rechtsanwalt Paul Mühsam wanderte schon 1933 aus, doch zuvor *»dauerte der innere Kampf wochenlang, und ich wurde zwischen widerstreitenden Empfindungen hin- und hergerissen. Bald erschien mir eine Auswanderung als selbstverständlich und als einzig mögliche Lösung, bald wieder fragte ich mich, ob ich denn wahnsinnig sei, dass ich daran denke, das Heimatland und alle gewohnten Verhältnisse zu verlassen und in vorgerücktem Alter noch einer ungewissen Zukunft entgegenzugehen.«*

Es ist unmöglich, an dieser Stelle all die Schwierigkeiten und Schikanen detailliert zu schildern, denen jüdische Emigrationswillige ausgesetzt waren. War die Emigration nach monate- oder gar jahrelangem Nervenkrieg endlich möglich, wurden die Betroffenen durch »Reichsfluchtsteuer« usw. zum Schluss noch regelrecht ausgeplündert, sodass sie häufig nahezu mittellos in der Fremde ein neues Leben beginnen mussten.

Deportation
Wer im Lande blieb und sich nicht durch Untertauchen oder Freitod dem Gestapo-Zugriff entzog, dem drohte ab der Wannsee-Konferenz im Januar 1942 der staatlich organisierte Massenmord, dem die Verschleppung ins KZ (meist nach Polen) vorausging.

In Thüringen gab es zwei große Deportationswellen: Am 10.05.1942 wurden 513 Menschen aus 42 Orten ins Ghetto Bełżyce verschleppt, von denen nur Hannelore Wolff/ Laura Hillman (1923–2020) überlebte. Und die Deportation von 364 Menschen ins Ghetto Theresienstadt im September 1942 bedeutete das Ende der jüdischen Gemeinden in Thüringen. Doch »die Juden« waren nicht einfach »weg«, sondern lebten (und starben) unter menschenunwürdigen Bedingungen, wie im Folgenden geschildert.

Ghetto Bełżyce
Die Ortschaft Bełżyce, 26 km südwestlich von Lublin gelegen, hatte im August 1939 ca. 2.100 jüdische Einwohner. Mit Beginn der deutschen Besatzung wurden vor allem aus Stettin, Krakau und Lublin immer mehr Juden dorthin deportiert. Im Dezember 1940 ließen die Besatzer ein Ghetto einrichten, das im Januar 1942 eingezäunt wurde; im März 1942 lebten hier bereits fast 5.000 Juden, womit es völlig überfüllt war.

Schreckliche sanitäre Bedingungen und damit verbundene Typhus-Epidemien dezimierten die Bevölkerung. Die deutsche Polizei suchte zudem das Ghetto regelmäßig heim und ermordete wiederholt Menschen wegen Übertretens der Sperrstunde, koscheren Schlachtens und Schwarzhandels. Ein Teil der Bewohner musste Zwangsarbeit in Straßenbau oder Landwirtschaft leisten.

Wikipedia

Eingang zum neuen jüdischen Friedhof Bełżyce

In Thüringen mussten sich 513 Juden am 09.05.1942 auf den Weg nach Weimar machen, wo sie in der Viehauktionshalle zusammengepfercht und am nächsten Tag per Zug deportiert wurden. Sie wurden schon in Weimar und auf dem Transport misshandelt und beraubt.

Am 12.05.1942 traf der Transport – inzwischen auf rund 1.000 Juden aus Thüringen und Sachsen angewachsen – auf dem Bahnhof von Lublin ein, worüber Augenzeugin Róża Mitelman berichtet: *»Bald danach kam ein Transport mit deutschen Juden aus Leipzig an, die unter schrecklichsten Bedingungen wohnten. (...) Die Polizisten befahlen, dass sich Juden in den Schmutz legten, gymnastische Übungen machten, sie schlugen und misshandelten sie. Man führte sie auf den jüdischen Friedhof, wo sie im Freien erschossen wurden.«*

Schon auf dem Transport hatte es Todesopfer gegeben, und in Lublin, ebenso wie auf dem stundenlangen Fußmarsch ins Ghetto Bełżyce wurden Menschen ermordet. Bis heute ist nicht bekannt, wieviele Menschen dort überhaupt lebend ankamen; am 19.05.1942 hatte das Ghetto jedenfalls 3.696 Einwohner.

Vor dem 12.05.1942 hatte man im Ghetto »Platz geschaffen«, indem rund 430 Menschen durch deutsche Polizei, ukrainische Hilfspolizei und jüdischen Ordnungsdienst zusammengetrieben und nach Majdanek deportiert wurden. Bełżyce wurde zum Durchgangslager, wo Menschen nach ihrer Arbeitsfähigkeit »selektiert« und Zwangsarbeit leisten mussten oder in Vernichtungslagern ermordet wurden. Am 08.05.1943 wurde das Ghetto in Bełżyce schließlich liquidiert: Rund 1.000 Juden (Männer, Frauen und Kinder) wurden gleich hinter der Synagoge erschossen, die übrigen in andere Lager deportiert.

Ghetto Theresienstadt

Theresienstadt war weder ein »Altersghetto« oder gar eine »jüdische Mustersiedlung«, wie die NS-Propaganda mit massivem Aufwand glauben machen wollte: Im Juni 1944 besuchte eine Delegation des Internationalen Komitees vom Roten Kreuz

Wikipedia Zelfgemaakt in juli 2005. nl:Gebruiker:NielsB

Gefängniszelle in der Kleinen Festung. Die Unterkünfte im übrigen Ghetto sahen ähnlich aus.

(IKRK) das Ghetto, nachdem zuvor die SS monatelang Häftlinge zu einer »Stadtverschönerungsaktion« gezwungen hatte. Um die Weltöffentlichkeit zu täuschen, ließ die SS außerdem eine Kinderoper und einen Film inszenieren. Sie gestattete die kulturelle Betätigung, die allerdings unter den miserablen Bedingungen im Ghetto extrem erschwert war und teils regelrecht zur Farce geriet.

Die nach Theresienstadt Deportierten kamen überwiegend aus Böhmen und Mähren; Menschen aus dem Altreich standen erst an zweiter Stelle der mehr als 140.000 Gefangenen, die das Ghetto im Laufe der Zeit insgesamt hatte. Den betroffenen (meist älteren) Juden versprach man »Heimunterkunft, Verpflegung, ärztliche Betreuung auf Lebenszeit« und plünderte sie dafür vorab schon hemmungslos aus.

In der Realität war Theresienstadt mit seiner Kleinen und Großen Festung eine Mischung aus Ghetto und KZ: Ab 1940 enthielt es ein Gestapo-Gefängnis und war ab November 1941 Zwischenstation für Tausende von Juden auf dem Weg in die Vernichtungslager. Schon im Januar 1942 begannen die Deportationen; der erste Transport ging nach Riga. Bis 1945 starben 33.456 Personen in Theresienstadt, die meisten von ihnen an den entsetzlichen Lebensumständen. Insgesamt 88.202 Personen wurden in die Vernichtungslager deportiert.

Am Nachmittag des 19.09.1942 fuhr ein Zug von Weimar nach Leipzig, der 364 ältere Juden aus Thüringen nach Theresienstadt deportierte. Die letzten Kilometer vom Bahnhof bis zum Ghetto mussten die Frauen und Männer – am Vorabend von Jom Kippur, einem der höchsten jüdischen Fasten- und Feiertage – auch hier zu Fuß zurücklegen. Unter ihnen war auch der 76-jährige Rabbiner Dr. Josef Wiesen (Eisenach), der acht Wochen später im Ghetto verstarb.

Hunger, extreme Enge und hygienischer Notstand führten bis Jahresende zu weiteren Todesfällen unter den Thüringer Juden; danach wurden viele von ihnen weiter in verschiedene Vernichtungslager deportiert und ermordet; nur einzelne überlebten das Lager.

Zwischen Idealen, Anpassung, Resignation und Emigration: SBZ und DDR

Situation in der SBZ/DDR insgesamt
Nach Ende des Zweiten Weltkriegs nahmen zahlreiche, durch die Nazis rassisch und politisch Verfolgte ihren Wohnsitz bewusst in der sowjetischen Besatzungszone (SBZ), der späteren Deutschen Demokratischen Republik (DDR). Sie glaubten, hier würden mit größerer Konsequenz als in den Westzonen bzw. der Bundesrepublik Deutschland (BRD) die Lehren aus der Geschichte gezogen. Zu den namhaften jüdischen Remigranten in die Ostzone zählten Ernst Bloch, Hanns Eisler, Louis Fürnberg, Lea Grundig, Stefan Heym, Alfred Kantorowicz, Anna Seghers, Helene Weigel und Arnold Zweig.

Die Zahl der Juden in der DDR war verschwindend gering und sank im Laufe der Jahre dramatisch, was sich an der Zahl der Gemeindeglieder ablesen lässt:

1946: 2.094 Mitglieder
1955: 1.715 Mitglieder
1990: 372 Mitglieder.

Gründe dafür waren eine hohe Sterblichkeit durch die Folgen der Shoah sowie – gerade Anfang der 1950er-Jahre – eine massive Abwanderung in die Westzonen bzw. die BRD, meist mit Ziel »(Eretz) Israel«. Mit dem Bau der Mauer 1961 gab es auch für Juden keine Möglichkeit mehr, vor Eintritt des Rentenalters Alija (hebräisch: »Aufstieg nach Jerusalem«) zu machen, d. h. nach Israel einzuwandern.

Nicht wenige Menschen jüdischer Herkunft übernahmen Funktionen in der Sozialistischen Einheitspartei Deutschlands

(SED), der DDR-Staatspartei – oder andere staatliche Ämter. Ihre Herkunft spielte dabei kaum eine Rolle; entscheidend war hingegen ihre Loyalität zur SED und zur sowjetischen Besatzungsmacht.

Schon 1949 begann die SED mit der Prüfung westlicher Emigranten in ihren Reihen – und hierunter besonders der jüdischen. Ihnen unterstellte man Mitgliedschaft zur zionistischen oder einer angeblich »trotzkistisch-jüdischen« Bewegung und Zusammenarbeit mit dem US-Geheimdienst. Diese Prüfungen gingen mit Verhören und Verhaftungen einher sowie mit der Aberkennung als »Opfer des Faschismus«; letzteres geschah nachweislich auch mehrfach in Thüringen.

Eine wichtige Rolle beim Lindern der unvorstellbaren Not nach der Shoah spielte Julius Meyer (1909–1979), jüdischer Kommunist, Shoah-Überlebender und Vorstandsmitglied der gesamtdeutschen Vereinigung der Verfolgten des Naziregimes (VVN): Er wohnte – zumindest in den ersten Jahren – in Westberlin und konnte so organisieren, dass amerikanische JOINT-Pakete und Mittel der Jewish Agency auch Juden in der SBZ/DDR zugute kamen. Seine engagierten Bemühungen um Rückgabe jüdischen Eigentums schlugen allerdings ebenso fehl wie die zahlreicher anderer Juden und Nichtjuden in der SBZ/DDR. 1952 wurde er Präsident des – nach Auflösung der Länder – neu gegründeten Verbandes der Jüdischen Gemeinden in der DDR, floh allerdings angesichts drohender Schauprozesse Anfang 1953 in den Westen.

Den Widerspruch zwischen staatlichen Verlautbarungen und dem realen Alltag bekamen auch jüdische DDR-Bürger hautnah mit: Rassische und religiöse Diskriminierung waren zwar per Verfassung und Gesetz untersagt, Schändungen jüdischer Friedhöfe und antisemitische Schmierereien wurden strafrechtlich verfolgt. Doch auch in Ostdeutschland hatte man Hitler hunderttausendfach bejubelt und den Judenhass der Nazis unterstützt – und diese Einstellungen änderten sich nicht »über Nacht«. Eine öffentliche Debatte über die Verantwortung für die Shoah, wie sie in der BRD nach 1968 zögerlich einsetzte, gab es in der DDR nie.

Die DDR stimmte als Teil des Ostblocks auch ihre Israel-Politik beständig mit der Führung in Moskau ab. Die UdSSR hatte zunächst die Gründung des Staates Israel begrüßt und ihn während des ersten Nahost-Krieges 1948/49 über die Tschechoslowakei sogar mit Waffen versorgt. Doch schon wenig später vollzog sie – wie der gesamte Ostblock unter Stalins Führung – eine 180°-Wende und unterstützte nun arabische Regimes und Nationalbewegungen. Anlass dafür waren der Abfall Jugoslawiens von Stalin und die zunehmend westliche Orientierung Israels.

Nach der Proklamation des jüdischen Staates 1948 konnten ostdeutsche Juden für kurze Zeit nach Israel auswandern. Doch dann kamen der inszenierte Slánsky-Prozess in Prag 1952 und die »Ärzteverschwörung« in Moskau 1953. Zahlreiche jüdische Kommunisten wurden völlig unschuldig hingerichtet. Aus Angst vor Repressionen verließen schon bald hunderte Juden, unter ihnen viele ehemalige KZ-Häftlinge und Emigranten, die DDR. Glücklicherweise starb Stalin am 05.03.1953, bevor es auch in der DDR zu einem antisemitischen Schauprozess kommen konnte.

In den Folgejahren wurden einige wenige Synagogen wieder aufgebaut und Betstuben eingerichtet; jüdische Gemeinden erhielten bescheidene materielle Zuwendungen. Ihre antiisraelische Politik behielt die SED aber weiterhin bei, und die Säuberungsaktionen gingen auch nach 1953 weiter: Überzeugte jüdische SED-Mitglieder wurden als »bürgerliche westliche Kosmopoliten«diffamiert, sodass Hermann Baden, Leiter des Verbandes der Jüdischen Gemeinden der DDR, 1956 sarkastisch fragte: *»In der ganzen faschisierten Welt gelten Juden als Bolschewisten, hier ist es umgekehrt, warum?«*

»Wiedergutmachung«
der Shoah-Verbrechen konnte es nicht geben, weshalb der Begriff bestenfalls unglücklich gewählt ist; er hat sich aber leider eingebürgert. Da sich die Alliierten nicht auf ein gemeinsames Vorgehen einigen konnten, beschlossen sie für ihre Zonen

jeweils eigene Regelungen. Thüringen war ein Sonderfall: Das Land wurde im April 1945 von US-Truppen besetzt, und erst ab Juli 1945 gehörte es zur SBZ. Regierungspräsident Dr. Hermann Brill (SPD, Buchenwald-Überlebender) hatte ein »Wiedergutmachungsgesetz« entworfen, das trotz Besatzungswechsels am 14.09.1945 in Kraft trat. Es sollte »arisiertes« Eigentum an frühere jüdische Eigentümer, ihre Ehepartner, Kinder und Enkel (auch wenn im Ausland lebend) zurückzuerstatten.

Doch trotz mehrerer Ergänzungsverordnungen scheiterte das Gesetz, und im April 1948 setzten die sowjetischen Besatzer es außer Kraft: Treuhänderisch verwaltetes Eigentum wurde nun »Volkseigentum« und war für Wiedergutmachungen unantastbar. Die SED begründete das so: *»Die jüdischen Emigranten gehören nicht zur Arbeiterklasse. Wir gehen in der Ostzone den Weg zum Sozialismus, infolgedessen haben wir kein Interesse daran, zusätzlich neue Bürden auf die Arbeiterklasse abzuwälzen.«* Und dabei blieb es bis zum Ende der DDR.

Nicht nur dadurch gerieten die Gemeinden in eine dauernde finanzielle Notlage und konnten aus eigener Kraft keine Einrichtungen unterhalten sowie religiöse oder soziale Aktivitäten finanzieren. Als die SED erkannte, dass das der Reputation der DDR im Ausland enorm schadete, richtete sie einen Fonds zum Wiederaufbau zerstörter Sakralbauten ein, mit dem Friedhöfe saniert, Trauerhallen zu Synagogen umgebaut (Halle/S. und Dresden) oder tatsächlich eine Synagoge neu errichtet wurde (Erfurt).

Für anerkannte Opfer des Faschismus (OdF – später »VdN: Verfolgte des Naziregimes«) wurden außerdem ab Herbst 1949 Sozialleistungen definiert, worunter auch rassisch Verfolgte fielen. Dazu zählten deutlich erhöhte Renten, Gesundheitsleistungen sowie Wohnraum und Studienhilfe für Kinder. Das Problem: Der OdF-Status war eine reine Fürsorgeleistung des Staates, ohne Rechtsanspruch und konnte jederzeit wieder aberkannt werden – was bei »Unbotmäßigkeit« auch wiederholt vorkam.

Eine wesentliche Rolle bei der Unterstützung von Opfern des NS-Regimes spielte die gesamtdeutsche »Vereinigung der Verfolgten des Naziregimes (VVN)«, die anfangs in der SBZ und bei der SED großes Ansehen genoss; in Ostdeutschland waren zahlreiche VVN-Mitglieder zugleich auch in der SED.

Der Bau der Mauer 1961 sorgte bei Shoah-Überlebenden und ihren Nachkommen für große Erbitterung: Privatreisen ins westliche Ausland wurden Juden vor Renteneintritt nun ebensowenig erlaubt wie den übrigen DDR-Bürgern. Das traf sie besonders hart, da die Nazis häufig ihre Familien ausgerottet hatten und sie nur noch Verwandte in Israel, den USA oder anderswo besaßen. Nur ein ausgewählter kleiner Kreis von »Reisekadern« (fast ausschließlich SED-Mitglieder) durfte überhaupt ins westliche Ausland reisen, so dass Verbindungen bestenfalls durch in die DDR reisende Juden hergestellt werden konnten.

Von der Integration zur Ausgrenzung und Verfolgung

Ein SMAD-Befehl vom 26.02.1948 erklärte schon zu diesem Zeitpunkt die Entnazifizierung in der Sowjetzone für »beendet«. Daher war der SED nun zunehmend daran gelegen, die über 500.000 ehemaligen Nazis in den Aufbau der zukünftigen DDR zu integrieren. Sie gestattete deshalb kurz darauf die Gründung einer »Nationaldemokratischen Partei Deutschlands (NDPD)«, deren Mitgliederzahl bis 1953 auf über 232.000 anwuchs – und nahm in die eigenen Reihen zehntausende ehemalige »kleine Nazis« auf.

Die VVN hingegen, in der sich eine beträchtliche Zahl jüdischer Überlebender engagierten, ließ man fallen: Schon bei den Wahlen zur DDR-Volkskammer 1950 wurden ihr lediglich 19 von 466 Sitzen zugeteilt, und Anfang 1953 – auf dem Höhepunkt der antisemitischen Paranoia Stalins – sorgte die SED für ihre Zwangsauflösung.

Schon kurz darauf begannen in der Sowjetunion zahlreiche Verhaftungen und Hinrichtungen unter Juden, die in der angeblichen jüdischen »Moskauer Ärzteverschwörung gegen

Stalin« gipfelten. Auch beim Prager »Slánsky-Prozess« waren 11 der 14 Angeklagten Juden; obwohl völlig unschuldig, wurden fast alle hingerichtet. Zuvor hatte es in der kommunistischen Tschechoslowakei (ČSSR) schon über 30 Schauprozesse gegeben.

In der SBZ/DDR lag der Fokus der Verfolgung zunächst auf den kommunistischen Westemigranten, denen pauschal Kontakte zu westlichen Geheimdiensten während der Emigrationszeit unterstellt und die schon 1949 aus Leitungsfunktionen in Partei und Regierung entlassen wurden.

Der Prager Slánsky-Prozess löste auch in der DDR eine Welle von Verhören, Denunziationen, Entlassungen und Verhaftungen zahlreicher Juden im Partei- und Staatsdienst aus. Viele Gemeindevorsteher und -mitglieder gehörten hier aus voller Überzeugung zugleich der SED an. Sie mussten nun um ihre Freiheit und ihr Leben fürchten, weshalb sie Anfang 1953 massenhaft in den Westen flohen. Mit Leo Zuckermann (Rektor Potsdamer Hochschule Staat und Recht und ehemaliger Leiter der Präsidialkanzlei Wilhelm Piecks) wurde der Exodus von einem Prominenten angeführt.

Julius Meyer, Auschwitz-Überlebender und erster Präsident des Verbandes jüdischer Gemeinden in der DDR, warnte nach seinem eigenen Verhör andere Juden und organisierte deren Flucht – u. a. die von Günther Singer (Erfurt) – ehe er sich am 15.01.1953 selbst nach Westberlin absetzte.

Die Fluchtwelle hielt bis Herbst 1953 an und umfasste über 500 Mitglieder und damit ein Viertel der jüdischen Gemeindemitglieder in der DDR. Die jüdischen Flüchtlinge waren Teil einer allgemeinen Flucht aus dem SED-Staat, die 1953 mit 408.100 Flüchtlingen einen neuen Rekord erreichte. Dazu trug auch der Starrsinn der SED-Führung bei, die trotz Stalins Tod und der Rehabilitierung der Moskauer Ärzte ihren »antizionistischen« (d. h. antisemitischen) Kurs nicht änderte.

Für die jüdischen Gemeinden in der DDR hatte das fatale Folgen: Die Verbands- und die Gemeindeleitungen, ebenso wie zahlreiche Mitglieder lebten ab nun ständig unter dem

Damoklesschwert, trotz SED-Mitgliedschaft der Illoyalität bezichtigt zu werden. Wohl aus Furcht davor, aber auch aus Mangel an Tradition und Verbundenheit, verzichtete man auf lebendiges Gemeindeleben, gelebte jüdische Tradition und Weitergabe jüdischen Wissens. Zudem hatte die Massenflucht 1953 und der daraus bedingte Mangel an Rabbinern, Kantoren und Lehrern einen enormen Substanzverlust in den Gemeinden verursacht.

Die verbleibenden Mitglieder, vor allem aber das Präsidium des Verbandes jüdischer Gemeinden in der DDR, verhielten sich von nun an bis zum Herbst 1989 meist überaus loyal zum SED-Staat. Das ging so weit, dass man sich vom Staatssekretariat für Kirchenfragen die Grußworte, Reden und Interviews vorgeben ließ.

Das Ministerium für Staatssicherheit (MfS)
interessierte sich – ebenso wie für die anderen Religionsgemeinschaften auf DDR-Gebiet – lebhaft für die jüdischen Gemeinden. Die SED hatte in den 1950er-Jahren eine Kampagne gegen den christlichen Glauben losgetreten (»Junge Gemeinden als Handlanger des US-Imperialismus« u. ä.). Nach deren Scheitern duldete sie Kirchen und Religionsgemeinschaften notgedrungen weiterhin, versuchte aber, deren soziale, kulturelle und Bildungsaktivitäten einzudämmen oder ganz zu unterbinden.

Das MfS spielte dabei mit einer eigenen Kirchenabteilung (V/4, ab 1964: XX/4) eine maßgebliche Rolle, die der Hauptabteilung für Politische Untergrundtätigkeit zugeordnet war. Bezüglich der jüdischen Gemeinden kam zur allgemeinen Religionsfeindlichkeit noch der Antisemitismus hinzu, der sich u. a. in der ständigen Unterstellung, alle Juden seien Zionisten und deren ständiger Verdammung äußerte. Belegt ist außerdem die antisemitische Grundüberzeugung nicht weniger Stasi-Mitarbeiter gerade in diesem Bereich.

Das MfS griff zur Bespitzelung einzelner Juden auch auf Gestapo-Material zurück. Es gelang ihm, ein Netz zu spannen, mit dem sämtliche Aktivitäten jüdischer Gemeinden und mit ihnen zusammenhängende Vorgänge überwacht werden konnten. Eine zentrale Rolle spielte dabei das Staatssekretariat für Kirchenfragen, dessen Leiter allesamt Stasi-Spitzel (IM: Inoffizielle Mitarbeiter) waren – ebenso wie die meisten Angestellten des Staatssekretariats sowie die Referenten für Kirchenfragen der Bezirke und Kreise.

Doch das MfS warb auch erfolgreich Spitzel in den Reihen jüdischer Gemeinden an – vom Gemeindevorsitzenden bis hin zu Friedhofsmitarbeitern. Neben der Berliner Gemeinde, einem MfS-Beobachtungsschwerpunkt, zeigten sich auch Gemeindevertreter von Leipzig, Dresden, Halle und Schwerin kooperativ, wenn sie nicht sogar selbst IMs waren. So gelang es dem MfS nach dem Sechs-Tage-Krieg 1967, Mitgliederlisten aller jüdischen Gemeinden zu bekommen.

Stellten die IMs hingegen ihre Zusammenarbeit ein, wurden sie schnell selbst zum Beobachtungsobjekt des MfS. Besonders bei Westkontakten unterstellte man Spionage für westliche Geheimdienste.

Prominenteste Beispiele sind Dr. Peter Kirchner (Berlin) sowie Helmut Aris und Helmut Eschwege (beide Dresden) – allerdings mit gravierenden Unterschieden: Kirchner (1977–89 IM »Burg«) war für die Stasi so ergiebig, dass sie ihn 1980 in die höchste Spitzel-Kategorie »IMB« einstufte. Aris (1954–56 IM »Lanus«) legte man nach zwei Jahren ergebnislos zu den Akten.

In der Person Helmut Eschweges (Dresden) zeigt sich die ganze Tragik eines Juden in der DDR und zugleich die Perfidie des SED-Staates: Eschwege, 1913 in Hannover geboren, emigrierte 1934 nach Dänemark und 1937 weiter nach Palästina. 1946 kehrte er nach Deutschland zurück und wurde Mitglied der SED, die ihn 1953 als »Zionisten« ausschloss. Es folgten zwei Wiederaufnahmen,1956 und 1958 erneute Ausschlüsse sowie 1964–66 seine erfolglosen Bemühungen um erneute Aufnahme in die SED.

Dem MfS gelang es zweimal, ihn als Spitzel anzuwerben, indem es persönliche Zwangslagen ausnutzte: 1956 als IM

»Bock« und 1985–89 als IM »Ferdinand«. Speziell in den 1980er-Jahren lieferte er so fleißig substanzielle Berichte (besonders über den Dresdner Arbeitskreis »Begegnung mit dem Judentum«, aber auch über den Verband jüdischer Gemeinden, namhafte Juden in der Bundesrepublik und Israel), dass das MfS ihm mehrfach Prämien von bis zu 300 DDR-Mark übergab.

Zugleich war er immer wieder im Visier der Stasi, die ihn aufgrund seiner zahlreichen Kontakte ins westliche Ausland und seiner kritischen Haltung zur SED-Politik zu einem regelrechten »Stützpunkt des Gegners« hochstilisierte. Unerhört fand das MfS, »daß sich E.(schwege) dem Nachweis des ›Antisemitismus in den sozialistischen Ländern‹ widmet«. Ihm drohte im Rahmen des »Operativen Vorgangs (OV) ›Zionist‹ (1982–85)« eine mehrjährige Haftstrafe wegen »landesverräterischer Nachrichtenübermittlung« und »staatsfeindlicher Hetze«.

Was empörte SED und MfS so an ihm? Als Historiker-Autodidakt entwickelte er sich ab Mitte der 1950er-Jahre durch akribische Forschungen im In- und Ausland und durch internationalen Austausch zum bedeutendsten Kenner des deutschen Judentums, den es in der DDR gab. Zugleich kritisierte er immer wieder offen die Politik der SED gegenüber den Juden im eigenen Land und dem Staat Israel. Entgegen massiver Widerstände und unter größten Schwierigkeiten gelang es ihm, in der DDR die Bücher »Kennzeichen J« (eine Dokumentation der Shoah) und »Die Synagoge in der deutschen Geschichte« zu veröffentlichen. Über seine MfS-Mitarbeit schwieg er allerdings auch nach der Wende 1989 – bis zu seinem Tode.

Die Entwicklung in Thüringen
unterschied sich von der in der übrigen SBZ/DDR nur marginal. Nur wenige Überlebende der Shoah kehrten im Frühjahr/Sommer 1945 in ihre früheren Heimatorte zurück, die nicht selten auch Ausgangspunkt ihres Martyriums gewesen waren. Die Überlebenden waren durch jahrelange Verfolgung, Haft/

Zwangsarbeit, soziale Isolierung und Entbehrung gekennzeichnet – und standen meist vor dem Nichts: Ihre Familienangehörigen waren ermordet worden, ihr Eigentum geraubt, ihre Wohnungen zerstört oder durch Fremde (oft »Arisierungs-Gewinner«) bewohnt.

Kurz nach der Befreiung 1945 wurden in der SBZ in zahlreichen Städten Gemeinden wiedergegründet. Ihr Neuanfang war extrem schwierig: Die Nazis hatten die jüdischen Gemeinden und Organisationen zerschlagen, die Synagogen und Gemeindestätten fast völlig zerstört und das Vermögen beschlagnahmt. Die Entschädigung kam – wie in ganz Deutschland – nur schleppend oder gar nicht voran.

Die *Erfurter Gemeinde* wurde 1946 wiedergegründet. Von den 150 Mitgliedern waren nur 16 auch schon vor 1945 in Thüringen beheimatet; die meisten Zuzügler kamen aus Schlesien (vor allem aus Breslau). Diverse Kleinstgemeinden entstanden außerdem in Eisenach (20), Mühlhausen (18), Jena (20) und Gera (9 Mitglieder). Die Gemeinden blieben klein: Die zahlreichen polnisch-jüdischen Flüchtlinge zogen fast alle in die Westzonen weiter.

Den Gemeindevorsitz hatte *Max Cars* (parteilos) inne; Sekretär/Kantor war *Günther Singer*. Beide gehörten auch dem Beirat des »Verbandes der Jüdischen Gemeinden in der DDR« an. Cars' Hartnäckigkeit war es auch zu verdanken, dass auf dem Platz des am 09.11.1938 zerstörten Gotteshauses ein Neubau errichtet wurde, der Synagoge und Gemeindehaus umfasste. Er blieb der einzige in der DDR und wurde am 31.08.1952 feierlich eingeweiht.

Während der Fluchtwelle 1952/53 verringerte sich die Zahl der Gemeindeglieder innerhalb weniger Monate von 217 auf 185 Personen. Max Cars blieb Vorsitzender in Erfurt; nach der Flucht Singers wurde *Herbert Ringer* sein Stellvertreter. Bereits 1946 entstand der Landesverband Thüringen der Jüdischen Gemeinden mit Sitz in Erfurt, der als Körperschaft des öffentlichen Rechts (KdöR) anerkannt wurde. Landesverband und Erfurter Gemeinde wurden in den Folgejahren immer mehr deckungsgleich, sodass man sich 1981 in »Jüdische Landesgemeinde Thüringen, Sitz Erfurt« umbenannte.

Der Wunsch nach einer Wiederannäherung ans Judentum und das Bedürfnis nach Interessenvertretung waren es, die viele nach einem Anschluss an die Gemeinden suchen ließen – weniger die religiösen Bedürfnisse. Die Gemeinden hatten Mühe, die für den Minjan (und damit für den Gottesdienst) nötige Zahl von zehn Männern zu versammeln – so auch in Eisenach, Jena und Mühlhausen. Das zwang einige, ihre Selbständigkeit aufzugeben, sodass spätestens ab 1981 nur noch die Gemeinde in Erfurt existierte.

In der Erfurter Synagoge hielt man bis in die 1980er-Jahre regelmäßig alle 14 Tage Gottesdienste ab, obwohl viele Gemeindemitglieder außerhalb wohnten. Ein großes Problem war dabei allerorten der Minjan sowie das Finden von Vorbetern und Kantoren, die Hebräisch konnten. Die Zahl der Gemeindeglieder sank auch in Erfurt im Laufe der Jahre immer weiter:

1946: 350
1953: 173
1959: 95
1990: 24

Daher erlaubte die Kultuskommission des DDR-Landesverbandes schon Ende der 1950er-Jahre, Gottesdienst und Kaddischgebet ab drei männlichen, erwachsenen Juden zu halten. Häufig fungierten Vorsitzende und Vorstandsmitglieder auch zugleich als Kantoren, so wie in Erfurt Herbert Ringer bzw. später *Rudi-Raphael Scharf-Katz*.

Auch der Nachwuchs schwand immer mehr: In der Erfurter Gemeinde gab es 1976 (ebenso wie in Mecklenburg, Karl-Marx-Stadt/Chemnitz und Magdeburg) keine Kinder mehr unter 16 Jahren. Die Mitglieder lebten allgemein sehr assimiliert, beachteten kaum religiöse Vorschriften und besaßen meist nur wenig Kenntnis der jüdischen Religion, Geschichte, Kultur und des Hebräischen. Der Gottesdienst lief – wie in der gesamten DDR – meist angelehnt an den orthodoxen Ritus, jedoch wurden auch

Orgeln benutzt und es gab gemischten Gesang. Jüdische Krankenhäuser, Kindergärten und Schulen gab es in der DDR überhaupt nicht; nur die Berliner Gemeinde unterhielt ein Altersheim.

Dass jedoch spätestens im Laufe der 1980er-Jahre auch in der Erfurter Gemeinde Risse in der Loyalität zum SED-Staat auftraten, zeigt ein Rundbrief, den die Stasi im Februar 1988 im Interzonenzug Görlitz–München im Abfall entdeckte. Verfasst war er von Helmut Eschwege (Dresden) sowie den Gemeindevorsitzenden Eugen Gollomb (Leipzig) und Rudi-Raphael Scharf-Katz (Erfurt). Anlass war der Tod von Helmut Aris (Dresden). Gerichtet an die übrigen Gemeindevorsitzenden in der DDR, forderten die Verfasser in einem 12-Punkte-Plan nichts weniger als eine grundlegende Reform des Verbandes jüdischer Gemeinden, u. a. aktive Jugendarbeit, ein runderneuertes, informatives Verbands-Nachrichtenblatt sowie eine Instandsetzung der Friedhöfe.

Antisemitismus/ Antizionismus

In Thüringen war die Landesregierung noch bis 1948 wohlwollend gegenüber Juden, die sich dennoch massivem Antisemitismus ausgesetzt sahen. So untersagte ein Rundschreiben der Erfurter Polizeiinspektion Nord/Mitte vom April 1946 die Aufnahme zugewanderter Ostjuden und erklärte jüdische Displaced Persons, die vor den polnischen Pogromen flohen, zu unerwünschten Personen: *»Diese Personen (sind) unter strengste Kontrolle zu nehmen, um ihnen jede Möglichkeit abzuschneiden, irgendwo als Gewerbetreibende oder selbständige Kaufleute aufzutreten. Meistens sind diese Leute im Besitz von ›Opfer des Faschismus‹-Ausweisen, worauf auf keinen Fall Rücksicht genommen werden braucht.«*

Das Schreiben war kein Einzelfall: Friedhofsschändungen, Wandschmierereien und Hetze gegen Juden gab es auch schon in der SBZ. Auftrieb erhielten Antisemiten durch die neue Politik von SMAD und SED ab 1948, die »kleine Nazis« in den Wiederaufbau integrieren wollten und mussten. Zugleich wurden die VVN als Opfer-Organisation immer weiter degradiert.

Die DDR reklamierte für sich, den »Faschismus mit Stumpf und Stiel ausgerottet« zu haben, weshalb es auch keinen Antisemitismus geben könne. Im Alltag lebten allerdings judenfeindliche und nazistische Äußerungen in der Bevölkerung fort, und der Antizionismus (d. h. die Diffamierung Israels) als Grundkonstante der SED-Politik wusste kaum zwischen Judentum und Zionismus zu unterscheiden. Jüdische SED-Mitglieder traten aus Angst gerade Anfang der 1950er- Jahre reihenweise aus jüdischen Gemeinden aus bzw. gar nicht erst ein.

Ein praktiziertes Judentum war ausschließlich als Religionsausübung erwünscht und erlaubt: *»Für die Staatspolitik gibt es nur Glaubensjuden, keine Nationalität, Abstammung; diesbezügliche Versuche jüdischer Bürger nach einer politischen Organisation werden nicht unterstützt«*, schrieb MfS-Offizier Werner Sprotte 1984, zuständig für die Überwachung jüdischer Gemeinden, in einer Notiz.

Die Berichterstattung über Israel und den Nahostkonflikt war voll von antisemitischen Klischees in Wort und Bild, die teils an die »Stürmer«-Hetze heranreichten: Israelische Aktivitäten wurden mit denen Nazideutschlands gleichgesetzt, sodass für die SED galt »Antizionismus = Antifaschismus«.

Zwar standen Synagogen nicht wie in der BRD und dem wiedervereinigten Deutschland unter permanentem Polizeischutz. Doch stattdessen unterstützte die SED arabische Terrorgruppen und gewährte antisemitischen RAF-Terroristen Unterschlupf.

Im Januar 1960 – während einer Welle antisemitischer Vorfälle in der BRD – gingen auch bei der Thüringer Landesgemeinde mehrere Briefe mit judenfeindlichen Losungen und Hakenkreuzen ein. Doch Herbert Ringer, Erfurter Gemeindevorsitzender, scheute auch diesmal den Gang an die Öffentlichkeit. Im Laufe der 1960er-Jahre nahm die Tendenz zum Verschweigen immer mehr zu, zumal sowieso kaum eine Chance bestand, über die Medien Öffentlichkeit herzustellen; einzig das Erstatten einer Anzeige war möglich.

Nachfolgend zwei Beispiele für Antisemitismus im Thüringen der 1980er-Jahre:

- 20.09.1982 Suhl: Oberbürgermeister Kunze (SED) fragt an, ob der Friedhof Suhl-Heinrichs nicht aufgelöst werden könne und erhält von seinem Stellvertreter für Inneres die Antwort: *»Laut UNO Festlegung sind in Europa jüdische Friedhöfe ›ewige‹ Friedhöfe und dürfen deshalb in der DDR nicht aufgelöst werden.«* Umgestürzte Bäume und Grabsteine sowie ein größtenteils defekter Holzlattenzaun sorgen für ein desolates Erscheinungsbild. Nachdem im November 1982 mehrere Grabsteine geschändet werden, wendet sich Gemeindevorsitzender Scharf-Katz direkt ans MfS, das behauptet: *»Nach den bisherigen Ermittlungen (der Polizei) handelt es sich um Kinder, die hier spielten«.* Immerhin kann Scharf-Katz die Instandsetzung des Friedhofes durchsetzen.

- Juli 1983 Erfurt: Mehrere Grabsteine werden nazistisch beschmiert und umgestürzt. Daraufhin wird vonseiten des Staates mit den Gemeindevorsitzenden Ringer und Scharf-Katz *»abgesprochen, daß sie, solange die Untersuchungen laufen, keinem anderen Personenkreis oder eventuell auftretenden Journalisten Auskünfte erteilen«.* Die Polizei nimmt Raphael Scharf-Katz trotz Protesten seinen Film mit der dokumentierten Friedhofsschändung ab und »erläuterte ihm diese Maßnahme«.

Ermittlungen gegen Friedhofsschändungen wurden häufig eingestellt mit der Begründung, »heftige Windstöße« oder »spielende Kinder« hätten die Grabsteine umgeworfen. Der umfangreiche DDR-Sicherheitsapparat war meist nicht in der Lage (oder willens), die Täter zu ermitteln. Selbst als an Jom Kippur 1989 auf den Adass-Jisroel-Friedhof Berlin madiges Schweinefleisch geworfen wurde (ein antisemitischer »Klassiker«), weigerte sich die Polizei, Ermittlungen einzuleiten. Sie behauptete, das sei nichts anderes, als wenn jemand sein altes Fahrrad übern Gartenzaun entsorge.

Kam es doch einmal zum Strafprozess, wurden Westmedien oder »faschistische Gruppierungen in der BRD und Westberlin« als Drahtzieher verantwortlich gemacht. Konrad Weiß' illegal veröffentlichtes Essay »Die neue alte Gefahr: Junge Faschisten in der DDR« (November 1988) bewies das Gegenteil.

Personen

Max Cars

- geb. 16.07.1894 in Mühlheim; Ausbildung zum Kaufmann
- 1918 Umzug nach Erfurt; Engagement in der jüdischen Gemeinde

Jüdische Landesgemeinde Thüringen, Erfurt

Max Cars mit Ehefrau Ruth, vermutlich in den 1950er-Jahren.

- 10.11.1938 Deportation ins KZ Buchenwald; 31.01.1945 Deportation nach Theresienstadt
- 1945 Rückkehr nach Erfurt und Neuaufbau der jüdischen Gemeinde, deren Vorsitzender er bis zu seinem Tode blieb
- 31.08.1952 Einweihung Neue Synagoge, für deren Errichtung sich Cars jahrelang engagiert hatte
- gest. 18.12.1961 in Erfurt

Günther Singer

- geb. 14.01.1922 in Breslau
- 1941 Entlassung aus Jüdischem Realgymnasium Breslau, anschließend Arbeit als Verwaltungslehrling in der Jüdischen Gemeinde
- 1943 nach KZ Theresienstadt deportiert, von dort 1944 weiter nach Auschwitz, überlebte
- 1945 Rückkehr nach Breslau; da jedoch die gesamte Verwandtschaft ermordet worden war, zog er nach Erfurt
- ab 1946 Wiederaufbau der Erfurter Gemeinde; Gemeindesekretär und -kantor
- 1953 Flucht aus der DDR nach Hamburg; dort Kantor und ab 1956 Geschäftsführer der Jüdischen Gemeinde
- 1986 Bundesverdienstkreuz
- gest. 01.11.1989 Hamburg

Herbert Ringer

- geb. 10.02.1905 Breslau
- 1938–45 in verschiedenen Konzentrationslagern inhaftiert; überlebte dank seiner nichtjüdischen Ehefrau

Jüdische Landesgemeinde Thüringen, Erfurt

Herbert Ringer, vermutlich bei einem Vortrag zum Thema »Shoah«

- SED-Mitglied; 1959 erfolgloser, da abgelehnter Anwerbeversuch durch das MfS
- 1962–1985 Gemeindevorsitzender und Vizepräsident des Verbandes der Jüdischen Gemeinden in der DDR
- Redaktionsmitglied des »Nachrichtenblattes des Verbandes der Jüdischen Gemeinden in der DDR und der Jüdischen Gemeinde von Groß-Berlin«
- 1980 und 1985 »Vaterländischer Verdienstorden in Silber« der DDR (zuvor schon 1964 Verdienstmedaille)
- gest. 04.07.1988 Erfurt

Rudi-Raphael Scharf-Katz

- geb. 30.01.1917 Erfurt
- 1927–37 Besuch Volksschule und Realgymnasium in Erfurt
- 08.02.1930 Bar Mitzwa

- 1937–38 nach Ausbildung zum Automechaniker folgte Studium an der TH Stuttgart
- Oktober 1938 Ausweisung nach Polen, Ansiedlung in Krakau
- 1941 Deportation ins Ghetto Drohobycz (nahe Lemberg/Lwiw), später in die Konzentrationslager Plaszow (bei Krakau) und Mittelbau-Dora, 1945 befreit; einziger Überlebender seiner Familie
- ab 1985 bis zum Tode 1994 Vorsitzender der Jüdischen Landesgemeinde
- 1988 Vaterländischer Verdienstorden der DDR in Silber
- 1992 Großes Verdienstkreuz der BRD
- gest. 10.10.1994

Jüdische Landesgemeinde Thüringen, Erfurt

Rudi-Raphael Scharf-Katz mit Ehefrau Ruth bei einem Gemeindefest, vermutlich in den 1980er-Jahren.

Jüdische Heimstatt: Israel

Schon ab den 1930er-Jahren, mehr noch aber mit dem Ende des NS-Regimes 1945, emigrierten Juden aus Thüringen nach Palästina bzw. Israel. Sie hatten dort anfangs jahrelang mit massiven, existenziellen Schwierigkeiten zu kämpfen, trugen aber ebenso wie jüdische Einwanderer aus der ganzen Welt mit dazu bei, den ehemals »wüsten Flecken Erde« in ein prosperierendes Gemeinwesen zu verwandeln.

Die deutschen Juden hatten mit der Reichsgründung 1871 und ihrer damit gesetzlich verbrieften Gleichberechtigung auch die Hoffnung verbunden, dass damit über kurz oder lang der Antisemitismus aufhören möge. In dieser Hoffnung sahen sie sich schon wenige Jahre später bitter getäuscht. Als 1894 dann auch noch in Frankreich der jüdische Artillerie-Hauptmann Alfred Dreyfus wegen angeblichen Landesverrats angeklagt und verurteilt wurde, war nicht nur für den jüdischen Philosophen Theodor Herzl (1860–1904) das Maß voll: In seinem Buch »Der Judenstaat« (1896) forderte er die (Wieder-)Errichtung eines jüdischen Staates auf dem Boden von Palästina, wo ein solcher bis zum Jahre 71 n. Chr. schon einmal bestanden hatte. Herzl wurde damit zum Wegbereiter des politischen Zionismus, der in Palästina eine »Heimstatt« für Juden aus aller Welt als Zuflucht vor antisemitischer Verfolgung schaffen wollte.

Der Weg zur Gründung des Staates Israel am 14.05.1948 auf Grundlage einer UN-Resolution war steinig und in Teilen regelrecht blutig. Das Problem: In Palästina lebten zu der Zeit rund 500.000 Araber, die die Errichtung eines jüdischen Staates fast einhellig ablehnten. Zuvor hatte Großbritannien, seit 1922 Mandatsmacht des Völkerbundes für Palästina, über Jahrzehnte hinweg gegenüber Zionisten und Arabern eine

Ping-Pong-Politik betrieben. Dies und die verstärkte Einwanderung von Juden mit Beginn und im Verlauf des NS-Regimes und der Shoah führte zu blutigen Aufständen seitens der Araber.

Als die britische Pendeldiplomatie 1939 zugunsten der arabischen Seite (und gegen einen jüdischen Staat) ausschlug, betrachteten das die Zionisten als Verrat. Sie suchten und fanden in den USA neue Unterstützer und wollten nun einen jüdischen Staat »um jeden Preis«, der auch blutige Kämpfe mit den Arabern und brutale Terrorangriffe auf die britische Mandatsmacht einschloss.

Als die UNO im November 1947 die Teilung Palästinas in einen jüdischen und einen arabischen Staat beschloss, lehnten die Araber diese Entscheidung rundweg ab; die Briten erklärten ihren Rückzug aus Palästina. Es folgten erneut blutige Kämpfe, die mit der Vertreibung eines Teils der Araber aus dem den Juden zugesprochenen Staatsgebiet endeten.

Unmittelbar nach Ausrufung des Staates Israel griffen Truppen aus Ägypten, dem Libanon, dem Irak, Saudi-Arabien, Syrien und Transjordanien den neugegründeten Staat an, mit dem Ziel, ihn zu vernichten. Doch Israel hielt wider Erwarten dem Angriff stand und konnte letztlich – auch dank über 200.000 hochmotivierter Kämpfer aus den Reihen der »Displaced Persons« (d. h. europäischer Shoah-Überlebender) – den Krieg zu seinen Gunsten entscheiden. Das führte 1949 zu 700.000 arabischen Flüchtlingen und Vertriebenen, seitdem als »Palästinenser« bezeichnet.

Was weniger bekannt ist: Etwa die gleiche Zahl an Juden wurde in den zwei Jahren darauf aus den arabischen Nachbarländern vertrieben, was – zusammen mit der massiven Zuwanderung aus Europa – in Israel beinahe zu einer Hungerkatastrophe geführt hätte. Auch der Sechs-Tage-Krieg von 1967 setzte dem Staat arg zu, brachte allerdings im Ergebnis die Besetzung von Ostjerusalem und des Westjordanlands durch die israelische Armee. Beim Jom-Kippur-Krieg von 1973, begonnen durch Syrien und Ägypten, war Israel kurzzeitig sogar ernsthaft gefährdet.

Wikipedia (Oren1973)

Ort gelebter Demokratie: Das Parlamentsgebäude der Knesset in Tel Aviv (Israel).

Dass jüdisches Leben und der Staat Israel bis heute immer wieder in Gefahr sind, zeigt der Terrorangriff der islamistischen Hamas am 07.10.2023, der für Israel mit 1.139 Toten, mehr als 5.400 Verletzten und rund 240 in den Gazastreifen verschleppten Geiseln erneut das Trauma der Shoah wachrief.

Das Kaufhaus Sandler-Gronner (Ilmenau)

Ilmenau in Südthüringen, am Fuße des Thüringer Waldes gelegen, war um 1900 ein bedeutender Kur- und Erholungsort, Bahnknotenpunkt und Wirtschaftsstandort. Von ca. 15.000 Einwohnern waren zu der Zeit rund 120 jüdischen Glaubens, die in verschiedensten Berufen tätig waren. Gleich vier Kaufhäuser in jüdischem Besitz waren ein bedeutender Wirtschaftsfaktor und prägten das Stadtbild. Die Gemeinde hatte nie eine Synagoge, aber einen Betsaal, und ab 1923 gab es eine C.V.-Ortsgruppe. Die jüdischen Ilmenauer scheinen fast durchweg sehr assimiliert gewesen zu sein.

Zugleich betätigten sich schon Anfang der 1920er-Jahre mit Fritz Sauckel und Willy Marschler zwei fanatische Nazis sehr aktiv in der Stadt, die später eine führende Rolle in der NSDAP einnehmen sollten. Und in den 1930er-Jahren gründete Fritz Reinhardt, SS-Obergruppenführer und enger Vertrauter Hitlers, in seiner Heimatstadt Ilmenau die Reichsfinanzschule, deren Schüler sich bei antisemitischer Hetze und Verfolgung ebenso hervortaten wie die Ilmenauer »Deutschen Christen«.

Familie Sandler

Wilhelm Sandler (1876–1942) stammte aus Hohensalza/ Inowrocław (bei Poznan/ Polen) und zog 1899 mit 23 Jahren ins mehr als 500 km entfernte Coburg, um eine kaufmännische Stelle im Textilgeschäft »J. Leschziner: Das Fachgeschäft für gute Kleidung« anzutreten, das er 1907 übernahm.

Während seiner Zeit in Coburg lernte Wilhelm Sandler seine Frau Selma Kaufmann kennen. Nach der Hochzeit wurde 1911 ihre zweite Tochter Ruth geboren; die erste Tochter war mit vier Monaten verstorben.

In der Folgezeit eröffnete er in Südthüringen noch weitere Geschäfte, deren Leitung er Verwandten übertrug – so geschehen in Sonneberg, Ilmenau und Mühlhausen. Zugleich sorgte er für eine gute Verheiratung seiner Schwestern Paula mit dem Sonneberger Verkäufer Bernhard Grünspan und Helene, die Samuel Gronner heiratete.

Familie Gronner

Samuel Gronner stammte aus Haslach bei Teschen/Cieszyn (Schlesien), dessen Fluss Olsa die Stadt seit 1919 in einen polnischen und einen tschechischen Teil trennt. Die Gronners waren Anhänger der Haskalah, der von Moses Mendelssohn (1726–1789) beförderten jüdischen Aufklärung. Als assimilierte Juden war ihnen säkulare Bildung wichtig, und sie praktizierten ein liberales Judentum – im Gegensatz zur chassidischen Kultur, die das benachbarte Galizien und große Teile Osteuropas prägte.

Samuel Gronner war das zweite von zehn Kindern von Hermann und Auguste geb. Sonnenfeld. Seine Eltern gaben ihn

Courtesy Gronner Family

Unbeschwertes Strandleben: Die Familien Gronner, Sandler und weitere Verwandte an der Ostsee 1926 (Vordere Reihe, 3.+4.v. l.: Helene und Samuel Gronner, 7.+9.v. l.: Wilhelm und Selma Sandler.

bewusst an eine staatliche Schule, wo ein Lehrer schon früh in ihm staatsbürgerliches Bewusstsein weckte. Später in Ilmenau setzte Gronner sich erfolgreich dafür ein, dass eine Ortsgruppe des »Central-Vereins deutscher Staatsbürger jüdischen Glaubens« (C.V.) entstand.

Mit 22 Jahren verließ er Schlesien und begann 1907 in Oelsnitz/Vogtland als Kaufmann in der Gardinenbranche. Ende 1910 zog er nach Ilmenau, um dort eine Stelle als Geschäftsführer des »Wilhelm Sandler Bekleidungshauses« anzutreten, das zu der Zeit noch zur Fa. Leschziner (Coburg) gehörte.

Das Kaufhaus Sandler-Gronner

Nach der Hochzeit mit Helene Sandler im Jahre 1911 wurde Samuel Gronner Filialleiter. Mit Unterstützung durch Wilhelm Sandler bauten Helene und Samuel Gronner die Filiale zu einem Geschäft für Herren und Knaben aus, das auf Kleidung für den Stadtalltag und für Gewerbetreibende spezialisiert war. 1912 wurde ihr Sohn Rudolf geboren, 1920 ihr Sohn Joachim/John.

Schon drei Jahre später kaufte man ein benachbartes Ladenlokal hinzu. Und trotz Ausbruch des I. Weltkrieges boomten die Geschäfte in Ilmenau, wo sich mehrere Kaufhäuser in jüdischem Besitz befanden. Allerdings wurde Samuel Gronner zwischenzeitlich zum Kriegseinsatz eingezogen – ebenso wie Wilhelm Sandler. Beide erhielten das Eiserne Kreuz für ihren Fronteinsatz, und Wilhelms Bruder Isidor gab sein Leben fürs Vaterland. (Später machten die Nazis in ihrem Judenhass auch vor Trägern dieser Auszeichnung nicht halt.)

1929 ließ das Familienunternehmen Sandler-Gronner in Ilmenau ein neues Kaufhaus durch den Architekten Willy Illgen (Ilmenau) errichten, das Ideen des Bauhauses aufgriff und vermutlich im Kaufhaus F.V. Grünfeld (Kurfürstendamm Berlin), im Stil der Neuen Sachlichkeit errichtet, ein berühmtes Vorbild hatte.

In der Stadt an der Ilm entstand in nur acht Monaten Bauzeit ein Gebäude, dessen Bauweise komplett aus Stahlbeton

Wikipedia (Michael Sander)

Restauriert und anziehend: Kaufhaus Sandler-Gronner bei Nacht (heute New-Yorker-Filiale).

immer wieder die Aufmerksamkeit der Passanten erregte. Die Fassade bestand – einschließlich der »runden Ecke«, dem Wahrzeichen des Hauses – fast nur aus Glas.

Die Ilmenauer Tageszeitung »Die Henne« schrieb denn auch am 03.12.1929: *»Die Eröffnung des Kaufhauses Wilhelm Sandler war für Ilmenau ein geschäftliches Ereignis besonderer Art, das unter großer Beteiligung der Einwohnerschaft vor sich ging. Auch der Stadtvorstand und der Stadtrat waren vertreten. Rückhaltlose Anerkennung fand der unternehmungsfreudige* *vorausschauende Kaufmannsgeist, der in diesem modernen, vorbildlichen Werk seinen schaffensfrohen Ausdruck gefunden hat. Mit diesem neuen prächtigen Kaufhaus schuf die Firma für unsere Stadt ein Beispiel unternehmungsfreudigen Schaffens, durch welches Ilmenau in die Reihe der vorwärtsstrebenden Städte Thüringens eintritt.«*

Im Detail lobte die Zeitung den glasüberdachten Lichthof im Innern des Gebäudes, der für echtes Tageslicht bei der Anprobe sorgen sollte. Und selbst im Oktober 1932, als Thüringen unter Fritz Sauckel schon rein nationalsozialistisch regiert wurde, wiederholte »Die Henne« ähnliche Lobeshymnen!

Sandlers Kaufhaus – zu dieser Zeit schon im Besitz seines Schwagers Samuel Gronner – war berühmt für seine Auswahl an Herren- und Knabenbekleidung. Das Berliner Warenhaus (Inhaber: Max Nußbaum und Max Gabbe), befand sich nur wenige Häuser entfernt und warb regelmäßig mit »99-Pfennig-Tagen«. Und das Kaufhaus Eichenbronner war begehrt für seine »Weißen Wochen« mit Mode im Pariser Chic. Sie alle zogen einen Käuferkreis an, der weit über Thüringen hinausreichte.

Shoah

In Ilmenau waren die »Deutschen Christen« sehr aktiv bei der Hetze gegen Juden. Ihr Anführer, Pfarrer Walter Caesar, bestieg in Uniform die Kanzel. Und nicht nur am 06. März 1933, anlässlich von Hitlers Reichstags-Wahlsieg, zog man mit Hakenkreuzfahnen in die Jakobuskirche ein.

Beide christliche Kirchen versagten, als Menschen aus der Mitte der Gesellschaft zunächst rassisch gebrandmarkt, dann ausgegrenzt, verfolgt und ermordet wurden. Bereitwillig stellten sie »Ariernachweise« aus und verrieten so selbst in den eigenen Reihen Christen mit jüdischen Wurzeln an die Gestapo.

Wilhelm Sandler war als begeisterter Patriot für den deutschen Kaiser in den I. Weltkrieg gezogen. Er glaubte daher zu Beginn des NS-Regimes, dass ihn dies vor Schikanen schütze. Doch schon 1933 wurde er erstmalig für kurze Zeit inhaftiert.

Drei Jahre später wurde er gezwungen, sein Geschäft in Coburg zu verkaufen. Nach dem Tode seiner Frau zog er zu seiner Schwester Helene Gronner nach Ilmenau.

Seiner Tochter Ruth und ihrem Mann Fritz/Fred Weil gelang 1939 die Emigration in die USA. Von dort aus setzten beide alles daran, den Vater nachzuholen – erfolglos. Nach seinem Umzug in ein Altersheim in Frankfurt/ Main wurde Wilhelm Sandler am 18.08.1942 nach Theresienstadt deportiert und später in Auschwitz ermordet.

Sandlers Schwager Samuel Gronner und seine Familie hatten schon zeitig die Zeichen der Zeit erkannt: Schon kurz nach dem Aprilboykott jüdischer Geschäfte durch die Nazis 1933 ging der 21jährige Sohn Rudi nach Frankreich und absolvierte dort eine Berufsausbildung bei seinem Onkel, dem Rechtsanwalt Georg Sandler, der aus Königsberg emigriert war. Daran schloss sich ein Jurastudium an.

Und als der jüngere Sohn Joachim 1936 mehrfach blutig geschlagen aus der Schule nachhause kam, schickten ihn die Eltern nach Berlin in ein Heim der Jüdischen Jugendhilfe. Dort bereitete er sich auf die Jugendalija nach Palästina vor, die er im Frühjahr 1937 vollzog. Offenbar erwog die Familie, gemeinsam nach Palästina zu emigrieren, denn Vater und Söhne trafen sich dort im März 1938. Letztlich verblieb aber Joachim Gronner als einziger in Palästina: Sein Bruder Rudi ging wieder zurück nach Frankreich, der Vater zurück nach Ilmenau.

Hier erreichte der Judenhass der Nazis mit der Reichspogromnacht eine neue Dimension: Samuel Gronner wurde nach dem 09.11.1938 für einen Monat in Buchenwald inhaftiert – und 1941/42 erneut für zwei Monate. Das Kaufhaus Sandler, das auch unter seiner Führung prosperiert hatte, litt ebenso wie andere Geschäfte mit jüdischen Inhabern unter deutlichem Umsatzrückgang. Gronner musste es 1938 im Rahmen der »Arisierung« weit unter Wert zwangsverkaufen.

Am 09.05.1942 deportierten die Nazis ihn und seine Frau gemeinsam mit über 600 anderen jüdischen Thüringern Richtung Polen mit Ziel »Ghetto Bełżyce«. Beide wurden ermordet – entweder schon während der Fahrt, oder gleich nach der Ankunft, denn es gibt keinen Beleg über ihre Ankunft im Ghetto. Der älteste Sohn Rudi überlebte in Frankreich dank einer Französin, die später seine Frau wurde. Der jüngste Sohn Joachim/John überlebte in Palästina und ging später in die USA.

John Gronner erhielt erst nach der Wiedervereinigung in den 1990er-Jahren in langwierigen Verhandlungen sein Eigentum zurück und verkaufte es an eine namhafte Handelskette, die das Gebäude denkmalgerecht sanieren ließ. Heute gehört das ehemalige Kaufhaus Sandler zu den Kulturdenkmalen Ilmenaus und ist eins der wenigen Gebäude in Südthüringen, die im Stil der Neuen Sachlichkeit errichtet wurden.

Die Nachkommen der Familien Sandler und Gronner leben heute in den USA, Frankreich und Israel.

Eine Weltmarke und ihre Schöpfer: Simson (Suhl)

Die Familie Simson aus dem südthüringischen Suhl ist ein gutes Beispiel dafür, wie es unternehmerischer Ehrgeiz und Geschick, Offenheit für Innovationen, kaufmännische Klugheit und das Pflegen internationaler Verbindungen schaffen können, mitten in einer scheinbar dem Niedergang geweihten Region eine aufstrebende Weltmarke zu etablieren – und dabei ausgeprägt soziale Verantwortung zu übernehmen.

Die Unternehmerfamilie

Moses Simson (1808–1868) und Löb Simson (1806–1862) gehörten der ersten Generation preußischer Jüdinnen und Juden an, denen es gestattet war, Grundbesitz zu erwerben. Ihre Vorfahren waren von Klein- und Viehhändlern zu Kaufleuten, Maklern und Immobilienhändlern aufgestiegen. Der weitere Aufstieg der Unternehmerfamilie ist auch deshalb bemerkenswert, weil zugleich – durch äußere Umstände bedingt – die Suhler Waffenindustrie an Bedeutung verlor.

Löb und Moses Simson erbten ein ansehnliches Vermögen und betätigten sich ab 1840 auch im Immobilien- und Kreditgeschäft. Das war deshalb lukrativ, weil das regionale eisenverhüttende Gewerbe mit der rheinisch-westfälischen Konkurrenz aus Kostengründen nicht mehr mithalten konnte und die Stahlhämmer in Suhl und Umgebung reihenweise geschlossen wurden.

Die Brüder Simson kauften nun ein Wohnhaus am Marktplatz und eröffneten dort 1848 ein Stoffgeschäft, dem 1854 ein weiteres Wohnhaus mit angeschlossener Gerberei folgte. 1866 ging der »Alte Stahlhammer« Heinrichs endgültig in ihr

Eigentum über und wurde erweitert; hier wurden Bajonette und Gewehrläufe gefertigt.

Nach der Entscheidung der preußischen Regierung 1860, Suhl in die Gewehrproduktion einzubeziehen, wurde plötzlich jeder Hersteller gebraucht, der pünktlich Qualität lieferte. So gelang es den Gebrüdern Simson – obwohl ursprünglich branchenfremd – Geschäftsbeziehungen zu alteingesessenen Suhler Waffenhändlern und -produzenten aufzunehmen. Ihr Handelsgeschäft am Markt wurde nun um eine Bajonett- und Ladestockfabrik erweitert; die Immobiliengeschäfte liefen dennoch weiter.

Moses Simson erweiterte die Produktion systematisch und kaufte dafür Werkstätten und Häuser zu, sodass er ab 1863 komplette Gewehre herstellen konnte. Die Gebrüder Simson konnten offensichtlich im Vergleich zur heimischen Konkurrenz organisatorische Probleme im Unternehmen besser lösen. So holten sie den ortsansässigen Waffentechniker und Branchenkenner Karl Luck ins Unternehmen, der zwar am Geschäftsertrag beteiligt war, aber zu keiner Zeit Verfügungsrechte am Unternehmen hatte. Er sollte die Verhandlungen mit lokalen Geschäftspartnern und die Anwerbung von Facharbeitern erleichtern.

Die Simsons banden ihr Fachpersonal erfolgreich ans Unternehmen, indem sie zahlreiche materielle Vorteile und soziale Privilegien gewährten: Die Meister hatten schon früh eine Lebensstellung inne und erhielten feste Renten; es gab günstige Hauskredite für alle Beschäftigten. Bei persönlichen Angelegenheiten war man entgegenkommend, sanktionierte aber auch Verfehlungen streng.

Karl Luck war auch insofern bedeutsam, als Löb 1862 und Moses Simson 1868 starben und Moses' Frau Luise Simson das Unternehmen übernahm, was Ende des 19. Jahrhunderts nicht außergewöhnlich war. Sie leitete gemeinsam mit Luck das Unternehmen sechs Jahre, bis vier ihrer sieben Söhne in Führungspositionen eingearbeitet waren: Hugo übernahm das Handelsgeschäft Gebr. Simson, Simson und Gerson übernahmen die Gewehrfabrik Simson & Luck, und Julius übernahm die Porzellanfabrik Gebr. Simson in Gotha. Alle drei Unternehmen sprachen sich stets im Familienrat ab.

Besonders die Gewehrfabrik nahm einen steilen Aufstieg: Ab 1866 war sie an preußischen Heeresaufträgen am Standort Suhl beteiligt. Ab 1876 gab es Geschäftsbeziehungen zum sächsischen Kriegsministerium, und 1886–1918 war sie Hauptlieferant für das Sächsische Heer. Innerhalb von zehn Jahren verdreifachte sich die Belegschaft auf 200 Mitglieder. Ab 1880 fertigte man auch Jagdgewehre, um von den Konjunkturschwankungen bei Militärwaffen unabhängiger zu werden.

1884 wurde die Gewehrfabrik in Suhl geschlossen. Militärwaffen wurden nun ausschließlich maschinell in Heinrichs gefertigt. In jenem Jahr trennte man sich auch aus ungeklärten Gründen von Karl Luck.

Fordismus im Thüringer Wald? Die Zeit von 1890 bis 1918

Dem Problem der unregelmäßigen Vergabe von Rüstungsaufträgen begegneten die Unternehmer zweifach: Sie spezialisierten die Waffenherstellung und produzierten zugleich nun auch zivile Produkte, die technologisch verwandt waren. Ab 1896 produzierten sie Fahrräder, was ihr einträglichster Fertigungsbereich und zugleich der Vorläufer der Automobilproduktion wurde.

1912 brachte die Firma ihr erstes markt- und mittelgebirgstaugliches Automobil auf Markt. Mit der Entwicklung Waffen – Fahrräder – Automobile folgte die Fa. Simson exakt dem Trend auf dem amerikanischem Markt, zu dem sie durch ausgewanderte Familienmitglieder gute Beziehungen hatte.

Die Fahrräder wurden komplett in der eigenen Fabrik gefertigt, sodass »ein ausgezeichnetes Gebrauchsrad zu einem billigen Preise« als Massenprodukt für Arbeiter und Mittelstand angeboten werden konnte – statt eines innovativen, aber teuren Markenrades.

Das Unternehmen konnte so die enorme Investition in US-Werkzeugmaschinen (1921: 3.160 Stück), die auf neuestem

Stand waren und quantitativ die Suhler Konkurrenz weit in den Schatten stellten, optimal ausnutzen. Die Fahrräder wurden bis 1918 hauptsächlich über Handelsmarken von Großhändlern vertrieben, weshalb die Marke »Simson« kaum in Erscheinung trat. Erst ab der Weimarer Republik gab es auch hier ein gezieltes Marketing, zeitgleich mit der Eröffnung eines eigenen Handelsbüros in der Hauptstadt Berlin – auch das eine kluge Entscheidung, um den Bekanntheitsgrad zu steigern. Schon ab 1899 firmierte man unter »Simson & Co.«.

Der Einstieg ins Fahrradgeschäft war ökonomisch ein voller Erfolg: Der Gesamtumsatz verzehnfachte sich bis 1910 auf rund 2 Mio. Mark. Die Firma erarbeitete sich den Ruf, schnell und flexibel auf plötzliche Aufträge zu reagieren und in gewünschter Qualität zu liefern. Mit dem Einstieg in den Fahrradbau überflügelten Simson & Co. die lokale Konkurrenz und wurden größter Arbeitgeber in der Region (1877: 200, 1917: 5.000 Mitarbeiter; zum Vergleich C.G. Haenel 1877: 131, 1917: 1.150 Mitarbeiter).

Auch die Unternehmensnachfolge wurde rechtzeitig geregelt: Max und Leopold traten nach kaufmännischer Ausbildung in die Firma ein und wurden durch ihren Vater Gerson in die Geschäfte eingewiesen. Jeannette Simson erbte nach dem Tod ihres Mannes Gerson 1904 das gesamte Vermögen und die Geschäftsanteile und gab diese an ihre vier Söhne weiter. Max übernahm die Geschäftsstelle in Berlin, Leopold die Fabrik in Heinrichs. Die jüngeren Söhne Arthur und Julius studierten beide an der Universität. Jeannette Simson blieb bis zu ihrem Tod 1927 dominierend, vor allem in der »Simson-Stiftung«, die sich in der Suhler Armenhilfe und für jährliche Stipendien an begabte Realschüler engagierte. Sie setzte auch den Bau der Familienvilla auf dem Suhler Hausberg gegen die Stadtverwaltung durch, was die Größe des unternehmerischen Erfolgs der Firma beweist.

Die neue und junge Unternehmensleitung sorgte für eine konsequente Weiterführung der Firma und für einen Innovationsschub – vor allem durch den Automobilbau. Mit

Anwerbung von Fahrzeugkonstrukteur Paul Henze 1911 schaffte man ein erstes markttaugliches Modell, bis 1914 folgten zwei weitere. Damals wurden 240 Autos pro Jahr produziert – allerdings keine preiswerten Kleinwagen (wie ursprünglich geplant), sondern ein leistungsstarkes Automobil, das werbewirksam vordere Plätze bei Renn- und Extremfahrten wie der Großen Alpenfahrt belegte. Wie alle deutschen Autohersteller produzierte Simson bis zum I. Weltkrieg Automobile rein handwerklich und in kleinen Serien.

Eine industrielle Automobilfertigung war bereits geplant, wurde aber durch den I. Weltkrieg gestoppt: Nun wurde alles auf Rüstungsproduktion umgestellt. Die Suhler Konkurrenz (J. P. Sauer, C. G. Haenel und Chr. Schilling) sabotierte die Bemühungen nach Kräften, konnten aber nicht verhindern, dass die Tagesproduktion des »Gewehrs 98« von 30 Stück (Sept. 1915) auf 375 Stück (März 1917) anstieg.

Ein erfolgreiches Unternehmen

Für den Gesamterfolg der Fa. Simson waren nicht nur die Firmenleitung, sondern auch loyale, engagierte und qualifizierte Arbeiter, Ingenieure und Konstrukteure verantwortlich. Generationen von Facharbeitern und Angestellten arbeiteten teils in Folge, teils gleichzeitig im Unternehmen und identifizierten sich in hohem Maße damit, wozu zahlreiche Sozialleistungen und die höchsten gezahlten Löhne in der gesamten Region beitrugen.

Weitere Gründe waren:

1. Die Unternehmensleitung reagierte auf die zunehmende Größe der Belegschaft und die Komplexität der Aufgaben, indem sie ein mittleres Management installierte und leitenden Angestellten, kaufmännischen und technischen Betriebsleitern Verantwortung übertrug. Personal- und Strategieentscheidungen blieben in ihrer Hand.
2. Familie Simson ließ keinen Einfluss von außen auf die Unternehmensleitung zu – auch und gerade in Bezug auf

Geldgeber. Stattdessen betrieb sie eine umfangreiche, familieninterne Querfinanzierung mit dem Ziel, von Politik und Konjunktur unabhängig zu bleiben.

3. Im Gegensatz zur lokalen Konkurrenz erkannte die Fa. Simson die begrenzten Wachstumschancen bei der Militärwaffen-Produktion rechtzeitig und diversifizierte die Produktion.
4. Die Diversifikation zog auch eine Orientierung an internationalen Märkten nach sich und erleichterte es, mit dem Einstieg in den Fahrrad- und Automobilbau technologisches Neuland zu betreten. Die Unternehmensführung rief viel früher als die Konkurrenz frei verfügbare wissenschaftlich-technische Erkenntnisse ihrer Zeit ab und wertete sie firmenintern mit Fachleuten akribisch aus.
5. Die den Simsons als Thüringer Juden aufgezwungene soziale Außenseiterrolle hatte auch Vorteile: Sie mussten bei Unternehmensentscheidungen keine Rücksicht auf lokale Befindlichkeiten oder berufsständischen Zusammenhalt nehmen. Konflikte mit der Suhler Waffenindustrie bei der Rekrutierung von Fachkräften vermied man, indem diese systematisch aus dem Umland Suhls (noch 1918 zu über 80 %), und nicht aus der Stadt selbst angeworben wurden.
6. Eine offene Diskriminierung gegenüber der Simson-Familie fand bis 1918 scheinbar nicht statt, aber wichtige Stadtämter waren mit Vertretern der nichtjüdischen Konkurrenz besetzt. Mit zunehmender Größe und wirtschaftlichem Erfolg gelang es dem Unternehmen allerdings, bei Partnern aus Geschäft und Stadt ihre Ziele durchzusetzen.

Die Simsons handelten nach dem typischem Motto assimilierter deutscher Juden: *»Während wir bewusst jüdisch gewesen sind, hat Religion und Herkommen aber keine bewusste Rolle gespielt. Wir fühlten uns als Deutsche, als Staatsbürger und handelten entsprechend.«*

Das Unternehmen in der Weimarer Republik 1918–33

Da entsprechende Vorbereitungen schon vor Kriegsende getroffen worden waren, verlief die Umstellung von der Kriegs- auf die Friedensproduktion bei den Simsonwerken zügig und geordnet: Die Fahrradproduktion wurde sofort wieder aufgenommen, und noch 1919 folgte ein erstes Nachkriegs-Automobil.

1920/21 wurde die Hälfte der Gesamtproduktion im Ausland abgesetzt, besonders Autos. Die Deviseneinnahmen hieraus und rechtzeitige Investitionen halfen, auch die Hyperinflation gut zu überstehen. Mit der Einführung von Stücklohn und Buchungsmaschinen wurde die Rationalisierung nach amerikanischem Vorbild fortgesetzt.

Der Versailler Vertrag hatte die Fa. Simson zum alleinigen Ausrüster der Reichswehr mit Gewehren, Karabinern, Maschinengewehren (MG) und -pistolen bestimmt. Die Simsons waren allerdings auf die MG-Produktion überhaupt nicht vorbereitet und außerdem am 28.03.1918 mit einem großen Brand

Fahrzeugmuseum Suhl

Ausfahrt mit Stil: Simson Supra Typ R, Baujahr 1932.

in ihrer Gewehrfabrik konfrontiert. Die Alliierten konnten daher davon ausgehen, dass bis zur Serienproduktion noch Jahre vergehen würden. Hinzu kam, dass sich neben der Fa. Simson nur die Fa. Walther aus dem Suhler Industriebezirk auf die entsprechende Liste beim Heereswaffenamt setzen ließ: Andere Firmen lehnten aus Furcht vor Sabotageakten – die Stimmung war nach der Novemberrevolution klar gegen Krieg, Reichswehr und Waffen eingestellt – rundweg ab.

Geheime Wiederaufrüstung 1921–28

Die Simsonwerke waren auch nach dem Versailler Vertrag nicht die alleinigen Waffenproduzenten in Deutschland. Für die Unternehmensleitung barg der Vertrag mit der Reichswehr zahlreiche enorme Risiken. Und Reichswehr-Interessen und -Ansichten standen denen der Simson-Familie häufig diametral entgegen, sodass der entsprechende Vertrag erst 1925 zustande kam. Die dort gewährten Preisaufschläge von 15–20 % waren bei **allen** Lizenzfirmen der Reichswehr üblich; sie sollten der Ausgleich fürs Betriebsrisiko sein.

Und auch wenn die Reichswehr-Aufträge stark schwankend waren: Für Simson entwickelte sich der Vertrag entgegen aller Befürchtungen zu einem sicheren, lukrativen Geschäft. Der Fahrzeugbau hingegen wurde durch die Weltwirtschaftskrise ab 1929 ein Verlustgeschäft und 1933 ganz eingestellt. Die Krise hatte weitere drastische Auswirkungen: Die Zahl der Arbeiter und Angestellten sank von 1927 bis 1932 um jeweils rund ein Drittel.

Doch trotz dominierender Rüstungsproduktion wartete »Simson« auch während der Weimarer Jahre mit Produktinnovationen auf, die das Unternehmen ebenbürtig mit den Firmen Wanderer (Fahrräder), Sauer (Jagdwaffen) sowie Presto und Adler (Automobile) werden ließen.

Familiär jedoch gab es eine dramatische Entwicklung: Max Simson starb 1924, Jeannette Simson 1927 und Leonhard Simson frühzeitig 1929, sodass die Firmenleitung nun allein auf den Schultern von Arthur und Julius Simson ruhte, ergänzt

Stadtarchiv Suhl (E. Bieber, Berlin)

Einer der Firmeninhaber: Leonhard Simson (1878–1929).

durch Walter Baetz, dem langjährigen Technischen Direktor – ein Novum in der Firmengeschichte.

Von den Nazis betriebene Enteignung 1927–1935

Der wirtschaftliche Erfolg von »Simson« beruhte auf kaufmännischem Geschick, genauer Marktbeobachtung und weitsichtiger Unternehmensführung im Simson-Familienrat. Unternehmenserfolg und soziales Engagement stärkten die gesellschaftliche Position der jüdischen Unternehmerfamilie, deren Mitglieder spätestens ab ca. 1900 zu respektierten Persönlichkeiten in Suhl und Heinrichs gehörten.

Nach dem I. Weltkrieg geriet die Suhler Waffenindustrie in eine tiefe Krise, von der sie sich nie mehr erholte; die Weltwirtschaftskrise sorgte für den endgültigen Kollaps. Doch die Fa. Simson fuhr dank Reichswehr-Lizenzvertrag normale bis doppelte Schichten, während es ringsum Kurzarbeit und Massenentlassungen gab. Andere Waffenfabriken gingen in Konkurs, doch »Simson« war durch den Vertrag mit der Reichswehr regelrecht gezwungen, eine Großbaustelle nach der anderen zu eröffnen.

In den Augen der Nationalsozialisten war die Fa. Simson eine pure Provokation: Ein »jüdisches« Unternehmen war Ausrüster des deutschen Heeres mit Infanteriewaffen! Die Familie geriet daher schon während der Weimarer Republik ins Visier der Thüringer NSDAP. Den Startschuss gab Fritz Sauckel im Oktober 1927 mit einem Beitrag im eigenen Lokalblatt »Der Nationalsozialist«. Er stellte zahlreiche haltlose Anschuldigungen auf, die die Nazis in den Folgejahren endlos wiederholten. Hitler hatte ihn 1927 zum »Gauleiter Thüringen« ernannt, und Sauckel führte die Hetze gegen die Fa. Simson von nun an als persönlichen Feldzug.

Arthur und Julius Simson beobachteten die politische Entwicklung und die Nazi-Aktivitäten gegen sich und ihr Unternehmen sehr genau und versuchten, sich zu wappnen, wurden allerdings von der Wucht der Ereignisse ab dem 30.01.1933 überrascht. Schon bald nach der NS-Machtübernahme ließ Sauckel, nun zum »Reichsstatthalter Thüringens« aufgestiegen, eine Ermittlungskommission einrichten. Die verschaffte sich am 29.03.1933 gewaltsam Zutritt zu den Simson-Geschäftsräumen und hatte einen klaren Auftrag: Sie sollte so lange Beweismaterial zusammentragen, bis es für eine Anklage reichte, damit Sauckel den Simsons den Prozess machen lassen und dann selbst die Unternehmensleitung übernehmen konnte.

Die Untersuchungen vor Ort leitete Hellmuth Gommlich aus Zella-Mehlis. Der Polizeirat, zugleich Mitglied von NSDAP und SA, später auch von SS und SD, ging mit außerordentlicher

Schärfe vor und schüchterte Arbeiter und Angestellte systematisch ein. Die NSDAP-Ortsgruppe Suhl organisierte zeitgleich »Demonstrationen« auf dem Werksgelände. Privatpersonen, die nie bei Simson gearbeitet hatten, denunzierten reihenweise die Unternehmer. Und zu allem Überfluss richteten auch noch einige Waffenfabrikanten aus Suhl und Zella-Mehlis am 30.03.1933 eine Eingabe an Hitler persönlich.

Dem NSDAP-Führer genügte nun die Beschränkung auf die Fa. Simson nicht mehr; jetzt eröffnete er eine innenpolitische Front gegen die Reichswehr und ihre Zulieferer insgesamt. Und obwohl eine reichsweite Untersuchung ergab, dass **alle** Lieferanten hohe Gewinne aus dem Mantelvertrag gezogen hatten, forderte Sauckel die Reichswehrführung auf, lediglich gegen »Simson« Strafanzeige zu stellen. Im September 1933 folgten die Verhaftungen von Walter Baetz (Techn. Direktor Simsonwerke) und des für Simson zuständigen Heereswaffenamts-Vertreters mit dem Verdacht auf Bestechung bzw. Vorteilsnahme. Die Gebrüder Simson hofften, mit der Umbenennung in »Berlin-Suhler Waffen und Fahrzeugwerke GmbH« und der Einsetzung eines Treuhänders das Familienunternehmen retten zu können. Jedoch arbeitete Treuhänder Dr. Herbert Hoffmann (Berlin) statt mit den Simsons mit Sauckel zusammen und war eine glatte Fehlbesetzung.

Sauckel bestellte Arthur Simson zum Verhör, der am 04.01.1934 gezwungen wurde, die Firma in zwei Unternehmensteile aufzuspalten und die Geschäftsführung an Sauckel genehme Leute abzugeben. Die Gebrüder Simson durften lediglich die Vermögensverwaltung für einen Firmenteil übernehmen und ansonsten das Fabrikgelände in Heinrichs nicht mehr betreten.

Hoffmann, nun Treuhänder und Geschäftsführer zugleich, verstieß mit Sauckel im Rücken von Beginn an massiv gegen den Vertrag und schikanierte die Simsons regelrecht. Die ließen sich das nicht gefallen und planten seine fristlose Entlassung, was misslang. Stattdessen erreichte Sauckel, dass Hoffmann Treuhänder bleiben konnte und das Heereswaffenamt zugleich mehr Einfluss auf das Unternehmen erhielt. Doch das genügte ihm nicht: Sein Ziel war es, die Simsonwerke in eine NS-Stiftung umzuwandeln. Zunächst allerdings gab es für ihn eine herbe Niederlage: Das Gericht stellte das seit Januar 1934 laufende Verfahren gegen Arthur Simson und leitende Angestellte mangels Beweisen ein.

Aus berechtigter Sorge um die eigene Sicherheit war Julius Simson schon im Oktober 1934 in die Schweiz emigriert, und auch Arthur Simson hielt sich größtenteils im Ausland auf. Bei einem Besuch Berlins wurde er am 11.04.1935 durch die Gestapo verhaftet und gezwungen, interne Geschäftsunterlagen herauszugeben sowie einer außerordentlichen externen Prüfung des Unternehmens zuzustimmen. Das Ergebnis war ein »Vertrag«, für dessen erzwungene Unterzeichnung Arthur Simson erneut verhaftet wurde. Die Simson-Familie verlor dadurch nicht nur ihre gesamtes Unternehmen, sondern musste auch noch 1,75 Mio. RM an Gauleiter Sauckel zahlen. Erst nach Unterzeichnung kam Arthur Simson wieder auf freien Fuß und flüchtete danach sofort in die Schweiz, von wo er und Julius Simson mit ihren Lebenspartnerinnen in die USA auswanderten.

Nachdem der NS-Staat ihre Flucht registriert hatte, zog er das noch vorhandene Vermögen beider Brüder ein und bürgerte sie aus. Die Enteignung war ein geplanter, rechtswidriger Akt und zugleich Startschuss für den generellen Angriff auf die Wirtschaftstätigkeit deutscher Juden. Doch auch an die Reichswehr-Führung war er ein unmissverständliches Warnsignal.

Baldmöglichst nach Kriegsende meldete die Simson-Familie ihre Vermögensansprüche bei amerikanischen und deutschen Behörden an – jedoch in der SBZ/DDR vergebens. Da sich allerdings der Berliner Teil der Simsonwerke in Wilmersdorf befand, hatte die Simson-Familie hier Anspruch auf Wiedergutmachung. Das Verfahren dazu wurde jedoch durch westdeutsche Behörden bis 1964 hinausgezögert, und die Familie war bis dahin mehrfachen Demütigungen ausgesetzt. Julius Simson erlebte die späte Anerkennung nicht mehr, da er schon 1953 in New York starb.

Nach der Wiedervereinigung einigte sich die Familie am 01.07.1993 nach zähen und kostspieligen Verhandlungen mit der Treuhandanstalt auf eine Entschädigung von insgesamt 18,5 Mio. DM. Von dieser Summe wurden die (1957 in der BRD bereits gezahlten) 4,3 Mio. DM und die 1992 für die Jagd- und Sportwaffen GmbH gezahlten 3,7 Mio. DM abgezogen. Von einer »Mehrfach-Entschädigung«, wie sie bis heute in Gerüchten kursiert, kann also keine Rede sein.

Doch trotz großer Beliebtheit der Simson-Mopeds in der DDR und in ganz Osteuropa existiert die Marke »Simson Suhl« heute nicht mehr: Die Jagd- und Sportwaffen-Sparte ging bereits 1993 in Konkurs, die Fahrzeugherstellung folgte – nach mehreren Eigentümerwechseln und unternehmerischen Fehlentscheidungen – im Jahre 2003.

Familie Heilbronner (Erfurt)[1]

Das Ehepaar Josef Heilbronner (1889–1974) und Marie geb. Weil (1898–1985) sowie ihre Kinder Hans und Eva können als typisches Beispiel vollständig assimilierter deutscher Juden gelten. Sie führten ein normales bürgerliches Leben in Erfurt und feierten zugleich im Familienkreis die jüdischen Feste. Das NS-Regime riss sie brutal aus dieser Assimilation, entrechtete und enteignete sie und zwang die Familie 1938/39 zur Emigration nach Palästina.

Josef Heilbronner

wurde am 11. Januar 1889 als Sohn des Seifenfabrikanten Ludwig Heilbronner und dessen Ehefrau Julie geb. Regensburger in Augsburg geboren. Er erlernte in Erfurt 1905–07 den Kaufmannsberuf in der Schuhfabrik M. & L. Hess, bei der er bis 1938 blieb. 1909/10 diente er als Einjährig-Freiwilliger im Königlichen 3. Infanterie-Regiment Prinz Carl von Bayern und kehrte danach zur Schuhfabrik Hess zurück. 1910/11 schickte die Firma ihn in die USA zur Fa. Reeds Pattern & Co (Chicago), um sich weitere Kenntnisse anzueignen und die dortigen Fabrikationsmethoden zu studieren. Nach seiner Rückkehr wurde der 23-Jährige zum Betriebsleiter befördert.

Schon kurz nach Ausbruch des I. Weltkrieges kam er zum Heer und nahm als Frontsoldat an zahlreichen Gefechten und Schlachten teil. Am 5. Dezember 1918 wurde er im Range eines Vizefeldwebels nach Hause entlassen und kehrte nach Erfurt zurück.

1 Den Text stellte freundlicherweise Jörg Waßmer, Jüdisches Museum Berlin, zur Verfügung. Ich habe ihn gekürzt, ergänzt und korrigiert – R. B.

Josef Heilbronner war in Veteranenverbänden aktiv und erhielt mehrere Auszeichnungen:

- 1915 Eisernes Kreuz II. Klasse und Bayerisches Militär-Verdienstkreuz II. Klasse mit Schwertern
- 1921 Gründungsmitglied der Vereinigung ehemaliger Angehöriger des bayerischen Reserve-Infanterie-Regiments Nr. 17 und Mitglied des Kyffhäuser-Bundes
- 1923 Kriegsdenkmünze 1914/18 des Kyffhäuser-Bundes
- 1935 Ehrenkreuz für Frontkämpfer, verliehen »im Namen des Führers und Reichskanzlers«

Am 23. November 1922 heiratete er Marie Weil.

Marie Heilbronner geb. Weil
wurde 1898 in Hechingen (Hohenzollern) geboren; ihre Eltern waren der Fabrikant Emil Weil und dessen Ehefrau Emilie geb. Augsburger. Sie wuchs an der Seite ihres Bruders Alfred (1900–1996) und ihrer Schwester Gertrud (1905–1938) auf.

Nach ihrer Ausbildung zur Buchhalterin arbeitete sie während des I. Weltkrieges 1916 in der Ölzentrale in Brüssel (Generalgouvernement Belgien), zunächst als Stenotypistin und dann als Sekretärin des Leiters. Nach ihrer Rückkehr nach Süddeutschland besuchte sie staatswissenschaftliche Vorlesungen an der Universität Tübingen. Vor ihrer Eheschließung lebte sie bei ihrem Onkel Siegfried Weil in Berlin, dem sie den Haushalt führte.

Josef und Marie Heilbronner wohnten in Erfurt-Süd (Viktoriastr. 16). 1924 wurde der Sohn Hans und 1930 die Tochter Eva geboren. Maries stichpunktartige Tagebuch-Einträge, die für 1936–39 überliefert sind, geben einen tiefen Einblick in das scheinbar völlig normale, bürgerliche Leben deutscher Juden auch in Thüringen. Und dennoch lässt sich auch hier klar erkennen, wie die Schwierigkeiten und Schikanen des NS-Regimes gegenüber Juden von Jahr zu Jahr zunehmen und sich direkt auf deren körperliche und seelische Gesundheit auswirken. Nach Josef Heilbronners Haft im KZ Buchenwald musste ihn seine Frau vorübergehend sogar pflegen.

Familie Heilbronner

Josef Heilbronner machte in der Schuhfabrik Hess weiter Karriere. Er wurde technischer Leiter der Fabrik und überwachte auch die Fabrikation der Schwestergesellschaften (Schuhfabrik Durand und Heilbronner & Co). 1924 hielt er sich abermals im Auftrag der Firma in den USA auf. 1928–35 war er Vorstandsmitglied und 1935–38 technischer Direktor. Aufgrund seiner wirtschaftlichen Verdienste beriefen ihn verschiedene Unternehmen zum Aufsichtsrat. Als erfolgreicher Unternehmer konnte er noch am 14.11.1935 beim (NS-)Reichspatentamt ein Patent über Schuhwerk anmelden.

Ab Anfang 1938 planten die Heilbronners, nach Palästina zu emigrieren und standen dafür im Kontakt mit dem Reisebüro Astoria in Leipzig, das die Palestine Express Co. vertrat. Am 27. Oktober 1938 erhielt Josef Heilbronner von der britischen Mandatsmacht eine temporäre Arbeitserlaubnis als »expert in shoe manufacturing« ausgestellt, ebenso seine Frau und seine Kinder.

Die Auswanderungspläne wurden durch das Novemberpogrom zunächst durchkreuzt. Denn am Morgen des 10. November 1938 wurde Josef Heilbronner verhaftet und in das Konzentrationslager Buchenwald verschleppt. Seine Frau Marie bemühte sich – unter Verweis auf eine Anstellungsofferte bei einer Schuhfabrik in Tel Aviv – bei der Gestapo Erfurt um seine Freilassung. Tatsächlich wurde er am 18. November 1938 aus dem KZ entlassen.

Am 8. Dezember 1938 emigrierte er mit den Kindern nach Palästina, während Marie Heilbronner zunächst in Deutschland zurückblieb. Die Heilbronners fuhren mit dem Zug über den Brennerpass nach Italien; in Genua bestiegen sie das Schiff »Esperia«, womit sie am 15. Dezember Haifa erreichten.

Zuvor hatte Josef Heilbronner sich als Fabrikdirektor in einem polizeilichen Führungszeugnis bescheinigen lassen müssen, dass er weder einen Eintrag im Strafregister habe, noch die fünf Jahre zuvor »wegen politischer Vergehen« angeklagt worden sei und auch »nicht der Bettelei obgelegen hat«.

Vor ihrer Emigration hatten die Heilbronners eine »Reichsfluchtsteuer« in Höhe von rund 33.000 RM und eine »Judenvermögensabgabe« von insgesamt 26.800 RM zu zahlen. Und auch bei der erzwungenen »Arisierung« der Vereinigten Holzabsatzfabriken Fleischmann & Heilbronner in Einbeck (Hann) plünderte man Josef Heilbronner regelrecht aus: Miteigentümer Hans Fleischmann setzte den anfänglichen Übernahmepreis von 130.000 Reichsmark schon bald auf 95.000 herunter und zögerte den Kauf immer weiter hinaus – wohl in der Hoffnung, letztlich ein »absolutes Schnäppchen« zu machen.

Marie Heilbronner reiste am 7. Januar 1939 aus NS-Deutschland aus. Von München fuhr sie nach Triest, wo sie ein Schiff bestieg, das sie am 16. Januar nach Tel Aviv brachte. Die Heilbronners ließen sich in Jerusalem nieder. In der Anfangszeit standen ihnen der Bruder Theodor Heilbronner und die Schwägerin Edith Heilbronner geb. Grünfeld zur Seite, die beide bereits 1936 ausgewandert waren. Josef Heilbronner arbeitete ab Februar 1939 zunächst in Jerusalem, ab Juli 1941 dann im Auftrag der Mandatsmacht als Government Officer.

Er wurde danach Technischer Leiter der Fa. Minal Ltd. und arbeitete ab 1950 für die Jerusalem Shoe Corporation. Josef Heilbronner starb am 25. Oktober 1974 in Jerusalem im Alter von 85 Jahren, Marie Heilbronner am 1. September 1985.

Hans (Chanan) Heilbronner

wurde 1924 in Erfurt geboren. Er wuchs an der Seite seiner fast sechs Jahre jüngeren Schwester Eva (Chava) auf. Ostern 1931 wurde er in die Volksschule in Erfurt eingeschult. Er wechselte dann auf das Staatliche Gymnasium. Vom Besuch der »Rassenkunde« war er als Jude ausgeschlossen. Am 23. Oktober 1937 feierte er in Erfurt seine Bar Mitzwa.

Wenige Tage nach dem Novemberpogrom beantragte seine Mutter beim Polizeipräsidium Erfurt die Ausstellung eines

Archiv Jüdisches Museum Berlin, 2019_149_274

Hans/Chanan Heilbronner (ganz rechts) mit Kameraden bei Kriegsende in Italien 1945.

Reisepasses für ihn, da die Gelegenheit bestand, ihn »zu Verwandten ins Ausland zu schicken«. Am 6. Dezember 1938 erhielt er ein Visum für das Britische Mandatsgebiet Palästina und emigrierte daraufhin zwei Tage später zusammen mit seinem Vater und seiner Schwester.

Hans Heilbronner, der seinen Namen in Palästina in Chanan hebräisierte, besuchte von Oktober 1939 bis Dezember 1942 die Handwerkerschule »Ludwig Tietz Yagur« und erlernte den Beruf des Schlossers, Drehers und Schweißers. 1943 wurde er zum Militärdienst in der britischen Royal Army einberufen. Das Kriegsende erlebte er in Süditalien.

Im Herbst 1945 war er für zwei Wochen vom Dienst freigestellt, um sich auf die Suche nach lebenden Verwandten in Deutschland zu begeben. In Augsburg erfuhr er, dass seine Großmutter Julie Heilbronner 1943 in Theresienstadt zu Tode gekommen war. Er setzte danach seine Reise fort. In einem Brief vom 1. November 1945 schilderte er seinen Eltern seine

Eindrücke: *»Deutschland ist wirklich moralisch und wirtschaftlich ganz heruntergekommen.«* Und über die Lage der Juden schrieb er, dass keiner in Deutschland bleiben wolle.

Im Oktober 1946 wurde er aus dem Militär entlassen und erhielt für seine Verdienste die Medaillen »Italy Star« und »1939–1945 Star«. Während des israelischen Unabhängigkeitskrieges diente er in den Israelischen Verteidigungsstreitkräften Zahal; auch beim Sechstagekrieg 1967 wurde er eingezogen.

1952 heiratete er Frida (Alisa) Landau, die aus Polen stammte, wo sie 1924 in Tschenstochau geboren worden war. Das Paar bekam zwei Kinder, die 1954 und 1956 geboren wurden. 1965 erhielt Chanan Heilbronner von der Entschädigungsbehörde 10.000 DM bewilligt.

Eduard Rosenthal (1853–1926)

»Vater der Thüringer Verfassung«, »Wegbereiter der Moderne«, »Wohltäter Jenas« – es gibt viele Titel, die der Jenaer Jura-Professor posthum verdient hätte. Eduard Rosenthal war ein bekennender Demokrat und zugleich ein vielseitig interessierter und sozial engagierter Mensch, der gemeinsam mit seiner Frau die von beiden bewohnte Villa zu einem Magneten für Persönlichkeiten aus Wissenschaft, Kultur und Wirtschaft machte.

Situation in Jena

Nachdem der Widerstand des Jenaer Stadtrates gegen den Zuzug von Juden gebrochen war, konnten sie sich ab 1850 wieder in der Stadt ansiedeln. Ihre Zahl stieg bis 1913 auf 168 Einwohner. Kleine Einzelhandelsgeschäfte dominierten, aber es gab auch ab 1904 ein Kaufhaus (Adolph M. Behrendt), einen Fellgroßhandel (Fa. Friedmann) sowie einige Handwerker.

Der 1896 gegründeten »Israelitischen Religionsgemeinschaft« wurde trotz mehrfacher Gesuche der Körperschaftsstatus versagt: Man befürchtete, durch »bessere Einrichtungen für Unterricht und Gottesdienst« könnten sich Juden von andernorts angezogen fühlen, jedoch, so äußerte der Direktor des zuständigen Verwaltungsbezirks in Apolda: *»Eine wesentliche Zunahme der Juden würde (...von) den einheimischen Geschäftsleuten wenig erwünscht sein.«* Schon 1909 löste sich die Religionsgemeinschaft wieder auf.

Eduard Rosenthal

Eduard Rosenthal wurde am 06.09.1853 in Würzburg als drittes von fünf Kindern des jüdischen Kaufmanns Salomon Rosenthal geboren. Nach dem Studium der Rechtswissenschaften in Würzburg, Heidelberg und Berlin promovierte er in Würzburg.

Universitätsarchiv Jena, Fotoalbum Nr. 17

Jurist und Menschenfreund zugleich: Prof. Eduard Rosenthal (1853–1926).

Rosenthals akademische Laufbahn an der Jenaer Landesuniversität begann 1880 mühevoll: Nach der Habilitation arbeitete er zunächst als Privatdozent, 1885–96 als außerordentlicher Professor – beides unbezahlt. Da Rosenthal jüdischer Herkunft war und nicht zum Christentum konvertieren wollte, gab es jahrelang massive Widerstände gegen seine Berufung: Erst 1896 wurde er ordentlicher Professor für Rechtswissenschaft, Staats-, Verwaltungs- und Völkerrecht sowie Rechtsgeschichte.

Doch dann schien das Eis gebrochen: Schon 1899–1900 und noch einmal 1913–14 wurde er Rektor der Jenaer Universität und konnte die Gründung des Jenaer Institutes für Wirtschaftsrecht durchsetzen. Denn schon zeitig hatte Rosenthal erkannt, dass die bis dahin an der Universität strikt getrennten Bereiche »Wirtschaft« und »Recht« zusammengehören.

Mit Ernst Abbe verband ihn eine enge Freundschaft, und dessen sozialpolitische Vorstellungen teilte Rosenthal: 1889 wurde er Mitverfasser des Statuts für die Carl-Zeiss-Stiftung. Damit entstand eine neue Rechtsform für Wirtschaftsunternehmen, die es bis dahin noch nicht gegeben hatte. Abbes und Rosenthals erklärter Wille war es, dass von wirtschaftlichen Erfolgen nicht nur die Unternehmen selbst profitieren sollten, sondern auch das Gemeinwohl – bis hin zu Bedürftigen.

Auch ehrenamtlich war Rosenthal außerordentlich aktiv: 1880 wurde er Mitglied, 1901–26 auch Vorsitzender des Vereins für Thüringische Geschichte und Altertumskunde. 1897 gründete er gemeinsam mit Ernst Abbe, Julius Pierstorff, Gustav Fischer, Otto Schott und Siegfried Czapski die Jenaer Baugenossenschaft mit dem Ziel, den modernen sozialen Wohnungsbau zu fördern.

1903 wurde er Mitgründer des Jenaer Kunstvereins, blieb bis 1908 dessen Vorsitzender und bis 1918 Mitglied des Vorstandes. Mit seiner liberalen, weltoffenen Gesinnung prägte er den Verein maßgeblich mit und sorgte für dessen öffentliche Anerkennung. In den ersten Jahren seines Bestehens wurden im Jenaer Kunstverein die Grundlagen für das Wirken Botho Graefs gelegt, der mit seinem Ausstellungskonzept den Jenaer Kunstverein in die Moderne führte.

Eine weitere Jenaer Besonderheit war der Lesehallenverein, der 1896 die Jenaer Lesehalle eröffnete – mit einer Bibliothek und einem großen Zeitungs- und Zeitschriften-Lesesaal. Als Arbeiterbildungsprojekt erzielte die Einrichtung breite Wirkung, wobei man kraft Satzung auf strikte parteipolitische und religiöse Neutralität achtete, denn – so Rosenthal in der Eröffnungsansprache – der Leser sei »nicht nur Parteimensch, sondern zuerst Mensch.« Der Verein beschaffte mittels Mitgliederbeiträgen und Spenden die benötigten Bücher und Tageszeitungen; die Carl-Zeiss-Stiftung finanzierte die Räume sowie den Betrieb der Einrichtung.

Im Jahr 1899 übernahm Eduard Rosenthal den Vereinsvorsitz und behielt ihn bis zu seinem Tode 1926. Um 1900 hatte die Lesehalle bereits 62.000 Besucher im Jahr; 1902 zog sie in das neue, ebenfalls von der Zeiss-Stiftung finanzierte »Volkshaus« am Carl-Zeiss-Platz um, in der die Ernst-Abbe-Bücherei und Lesehalle bis heute beheimatet sind. Sie wurde Vorbild für Bibliotheken und Lesehallen in ganz Europa.

Als überzeugter Demokrat wurde Rosenthal 1919 Mitglied der liberalen Deutschen Demokratischen Partei (DDP) und später Abgeordneter im Thüringer Landtag.

Für das zum 1.5.1920 neugegründete Land Thüringen arbeitete Rosenthal die Verfassung aus, die wegweisend über Thüringen hinaus wurde. Sein Entwurf wurde im Frühjahr 1920 vom Thüringischen Staatsrat beraten und mit wenigen Änderungen am 11.03.1921 vom Thüringer Landtag angenommen. Ihm war völlig klar, dass der neue Staat nur so gut sein konnte, wie die staatsbürgerliche Gesinnung des Einzelnen, weshalb er ein Volkshochschulstatut entwarf.

1924 legte Rosenthal allerdings sein DDP-Mandat nieder. Ein Grund dafür könnte sein, dass die DDP Bestandteil des Mitte-Rechts-Bündnisses »Thüringer Ordnungsbund« wurde. Der gewann mit der Losung »Das ganze Land kam auf den Hund, nun rettet nur der Ordnungsbund« die Landtagswahlen 1924 und machte anschließend die meisten Reformen der Vorgängerregierung aus SPD, USPD und KPD wieder rückgängig. Gegen Hassreden – gerade im Parlament – engagierte sich Rosenthal zeitlebens vehement.

Die bedeutendsten Ehrungen, die Eduard Rosenthal erhielt, waren 1920 die Ehrenbürgerwürde der Stadt Jena aufgrund seiner Verdienste für das Land Thüringen und die Stadt Jena – sowie 1923 die Ehrendoktorwürde der Universität zum Dr. rer. pol. h. c. aufgrund seiner Verdienste um die Errichtung des Institutes für Wirtschaftsrecht.

Berthold Litzmann (1857–1926), 1886–92 in Jena Professor für Literaturgeschichte, urteilte über ihn: *»Eduard Rosenthal (...) hatte vom ersten Tag an unter allen jungen Kollegen auf mich die stärkste Anziehungskraft ausgeübt. Mit vielseitigem Wissen, mit stets wachem Interesse, mit klugem Urteil und* *feinem Geschmack in künstlerischen und literarischen Dingen verbanden sich bei ihm Charakter-und Herzenseigenschaften zu einer harmonischen Einheit, wie sie mir weder früher noch später in der Vollkommenheit begegnet sind. Die Aufrichtigkeit seiner Gesinnung und die natürliche Liebenswürdigkeit seines Wesens machten den Verkehr mit ihm zu einer Bereicherung des Lebens.«*

Am 25.06.1926 starb Rosenthal nach schwerer Krankheit. An der akademischen Trauerfeier nahmen die breite Öffentlichkeit sowie Vertreter des Landes Thüringen, der Stadt und vieler wissenschaftlicher und gesellschaftlicher Organisationen teil.

Clara Fanny Rosenthal, geb. Elstaedter (1863–1941)

Geboren in Karlsruhe in einem gutbürgerlichen jüdischen Elternhaus, heiratete sie 1885 in Heidelberg Eduard Rosenthal. In Jena kam 15.08.1887 ihr Sohn Curt Arnold Otto zur Welt und wurde evangelisch getauft. Nach dem Abitur studierte er an

Wikipedia

Kunstsinnige Gesellschaft: Eduard Rosenthal (Mitte hinten), Elisabeth Förster-Nietzsche und Henry van de Velde (ganz rechts). Eröffnung der Auguste-Rodin-Ausstellung im Oberlichtsaal des Museums für Kunst und Kunstgewerbe 1904.

verschiedenen Orten Jura und Verwaltungswissenschaft; seine Doktorarbeit erschien 1914 im Gustav-Fischer-Verlag Jena. Der Patriotismus der Familie Rosenthal war so groß, dass sich ihr Sohn – trotz Wehruntauglichkeit – gleich mit Kriegsbeginn freiwillig zum Kriegsdienst meldete. Er fiel am 30.10.1914 in Frankreich. Das Ehepaar ließ im Herbst 1916 für ihr einziges Kind im Garten der Villa einen Pavillon mit einer Bronzerelief-Gedenktafel des Sohnes errichten.

Die – heute noch existierende – »Villa Rosenthal« hatten Eduard und Clara Rosenthal in der Kahlaischen Straße erbauen lassen und 1892 bezogen. Das Haus gehörte zu denjenigen Adressen in der Stadt, wo die geistigen und wirtschaftlichen Eliten Jenas und Weimars ein- und ausgingen. Dazu gehörten Ernst Abbe, Otto Schott, Elisabeth Förster-Nietzsche und Alexander Cartellieri, der Clara Rosenthal als »schönste und eleganteste Frau Jenas« bezeichnete, weshalb sie im Mittelpunkt der zahlreichen Gesellschaften in der Villa stand.

Das Ehepaar vermachte 1924 testamentarisch die Villa der Stadt Jena; sie sollte »idealen Zwecken« wie einer Kunstsammlung dienen und allen Besuchern offenstehen. Nach Eduard Rosenthals Tod 1926 übergab seine Frau die Villa 1928 der Stadt und erhielt ein lebenslanges Wohnrecht.

Mit Beginn des NS-Regimes galten allerdings weder die Verdienste des Mannes, noch das Opfer des Sohnes fürs Vaterland etwas beim Umgang der Nazis mit der inzwischen betagten »Jüdin Rosenthal«, die – trotz Schenkung – aus ihrer Wohnung vertrieben werden sollte. Sie war genau den gleichen Schikanen ausgesetzt wie alle anderen Juden, weshalb sie sich am 11.11.1941 für den Freitod entschied. Das »Bildnis Eduard Rosenthals«, das Raffael Schuster-Woldan für die Gelehrtengalerie der Universität geschaffen hatte, ließen die Nazis schon Mitte 1934 verschwinden.

Interview mit Wolfgang Nossen (Auszüge)

(geführt durch Mitarbeitende des Erinnerungsortes Topf & Söhne: Die Ofenbauer von Auschwitz, Erfurt)

Wolfgang Nossen, 1995–2012 Vorstandsmitglied der Erfurter Gemeinde, wurde am 9. Februar 1931 in Breslau (heute Wrocław/Polen) geboren. Sein Vater Max Nossen entstammte einer jüdisch-orthodoxen Fleischer- und Viehhändlerfamilie. Seine Mutter Luci, ursprünglich evangelisch, war 1929 kurz vor der Hochzeit zum Judentum konvertiert. Wolfgang hatte noch vier jüngere Schwestern. Er besuchte den jüdischen Kindergarten, später die jüdische Schule.

Während des Novemberpogroms 1938 erlebte der 7-Jährige die Plünderung jüdischer Geschäfte und die Zerstörung der Hauptsynagoge. Sein Vater wurde in das KZ Buchenwald verschleppt und im Frühjahr 1939 entlassen. Die Mutter wurde, um ihre Kinder vor der Deportation zu schützen, 1939 bis zum Kriegsende wieder Protestantin.

1943 wurde die Familie gezwungen, ihre Breslauer Wohnung zu verlassen und in ein »Judenhaus« zu ziehen. 1944 wurde der Vater in einem Außenlager des KZ Groß-Rosen inhaftiert. Der 13-jährige Wolfgang wurde in Breslau zu Arbeitseinsätzen verpflichtet. Im Februar 1945 – die sowjetische Armee stand schon vor der Stadt – internierte die Gestapo die letzten noch in Breslau lebenden 150 jüdischen oder jüdisch verheirateten Frauen, Kinder und Alte, darunter auch Wolfgang, seine vier Schwestern und die Mutter, in einem Barackenlager. Ihrer drohenden Ermordung entgingen sie durch die Bombardierung des Stadtviertels, da die Wachmannschaften sich in Sicherheit brachten und die Internierten fliehen konnten.

Bis zur Befreiung am 6. Mai 1945 versteckte sich die Familie im zerstörten Breslau.

Max Nossen, der während des Todesmarsches flüchten konnte, traf am 11. Mai auf seine Familie. Am selben Tag wurde Wolfgang bei einer Razzia von der polnischen Miliz verhaftet, weil er eine gefundene Hitlerjungen-Uniform trug. Er wurde schwer misshandelt, auch nachdem er sich als Jude zu erkennen gab, und erneut zur Zwangsarbeit verpflichtet. Ende Mai gelang ihm die Flucht und die Rückkehr zu seiner Familie.

Wolfgang Nossen schildert den Umzug der Juden aus Breslau 1945 nach Erfurt:

»Es kamen Busse nach Breslau, die diejenigen Juden abholen sollten, die keine Polen werden wollten. Das wollte keiner – bis auf einen Arzt, der dann später erschossen wurde. So sind wir am 10. September (1945) abgeholt worden, nicht ohne vorher von den polnischen Milizen höchstpeinlich untersucht zu werden. Die haben geklaut, was nur möglich war. Und nach Stunden dieser Prozedur durften wir abfahren. (...) Unterwegs ging unser Bus kaputt; die 500 km von Breslau dauerten drei Tage.

Am 12. September 1945 rollten wir in Erfurt ein, und unser erstes Quartier war der Erfurter Hof – aber nicht im Hotel, sondern oben im Dachboden. Wir bekamen dann gemeinsam mit einer anderen kinderreichen Familie, insgesamt waren wir 16 Personen, eine 2 1/2-Zimmerwohnung in der Milchinselstraße. Auch dort lagen wir wieder auf dem Boden. Das dauerte aber nicht sehr lange, dann bekamen wir in der Hohenzollernstr. 4 eine Wohnung in einer Villa zugeteilt, (...). Von dort sind wir nach Weißensee bei Erfurt, und mein Vater hat dort mit einem Lagerkameraden ein Geschäft eröffnet.

In Erfurt gab es dank dem Zuzug der Breslauer Juden eine jüdische Gemeinde; die 15 Erfurter konnten keine Gemeinde gründen. Die Leute hatten damals noch viele Kinder, so dass es eine große Kinder- und Jugendgruppe gab – und einen sehr aktiven Sportverein für alle. Ich war da sehr aktiv, und wurde 1948 nach Berlin geschickt; da war das erste allgemein-jüdische

Sportfest. Wir waren da eine Woche, ich weiß aber nicht mehr, in welchem Stadion. Das Sportfest war im Mai, und am 14. Mai wurde der Staat Israel ausgerufen. Da erschien ein kleiner Mann, amerikanischer Offizier, stellte sich vor als Aaron Burstein, und machte Werbung für Israel. (...) Wir waren sehr aufnahmebereit, und eine Anzahl von uns hat sich sofort gemeldet – bei anderer Gelegenheit auch eine meiner Schwestern.

Wir fuhren dann zurück nach Erfurt und hörten eine ganze Zeit lang nichts, (...) aber dann war meine Schwester in einem jüdischen Ferienlager in Berlin, kam zurück und sagte: ›Ich gehe nach Israel.‹ Meinen Eltern blieb der Mund offenstehen, dann meinten sie: ›Du bist viel zu jung, erst 16 Jahre. Ja, wenn der Wolfgang mitgehen würde, das wäre ja noch zu ertragen, aber der geht ja nicht.‹ Ich darauf: ›Doch, doch.‹ Man hat dann versucht, uns das auszureden, aber wir waren stärker und haben so argumentiert, dass unsere Eltern sagten: ›Gut, dann gehen wir alle zusammen.‹«

Doch der Vater fiel bei der Gesundheitsprüfung durch, und man riet ihm ab. Wolfgang Nossen und seine Schwester wanderten 1948 nach Israel ein; die Eltern flüchteten 1953 aus der DDR nach Nürnberg. Nossen kam in einen Kibbuz und kämpfte in der Haganah. Er wurde Kompanieführer und heiratete 1955 eine Kameradin aus seiner Einheit. 1977 kam er mit Frau und Kindern nach (West-)Deutschland zurück; 1989 wurde die Ehe geschieden, und er wollte nach Israel zurück. Doch zuvor besuchte er am 20.11.1989 Verwandte in Erfurt, da seine Tante einen Tag später Geburtstag hatte – und traf sich mit seiner Jugendliebe, die er am 26.09.1990 heiratete. Ab April 1991 war er Hausmeister in der Erfurter Gemeinde und hatte dort gemeinsam mit seiner Frau auch eine Wohnung, jedoch:

»Manche unserer neuen Mitglieder (aus der Sowjetunion) glaubten, wir hätten so einen 24-Stunden-Service und dachten wohl auch, die Dolmetscherin schläft bei mir, und es gab immer mal wieder Anrufe mitten in der Nacht. (...) Und das hatte ich dann ziemlich dicke – vor allem aber auch diese überfallartigen Ruhestörungen durch die rechte Szene.«

An seinem 69. Geburtstag zogen beide in eine Plattenbau-Wohnung. Die Schwierigkeiten der Integration zahlreicher Juden aus der Ex-Sowjetunion schildert er so:

»Es waren damals in der Gemeinde, als ich nach Erfurt zurückkam, 26 Mitglieder. (...) Es war eine Riesenarbeit für so einen kleinen Kern, so viele zu integrieren. Es gab natürlich auch Versuche umgekehrt – das ist nicht gelungen.«

Die Gemeinde wuchs dann auf 100 Mitglieder an (heute über 700), und Nossen sorgte als gewählter Gemeindevorsitzender dafür, dass die Synagoge zu ihrem 50. Jahrestag 2002 grundlegend saniert wurde. Als größten Erfolg sieht er, dass neu zuziehende Juden aus der Ex-Sowjetunion nicht mehr nach einem starren Verteilungsplan (»Königsteiner Schlüssel«) auf 22 Orte in Thüringen aufgeteilt wurden, sondern ab 2003 nur noch auf Erfurt und Jena.

Sein Wunsch an die heute Lebenden:

»Wir sind weder auserwählt, noch was Besonderes. Wir möchten nur so leben hier, wie jeder andere Bürger auch. (...) Ich möchte so in die Synagoge gehen können, wie andere in die Kirche (...). Dass ich nicht von der Polizei oder irgendwelchen Sicherheitsbehörden geschützt werden muss – das ist es, was ich mir wünsche: ein normaler Bürger dieses Landes zu sein.«

Nossen machte sich als unerschrockener Kämpfer gegen den Rechtsextremismus in Thüringen und darüber hinaus einen Namen. Er starb am 16. Februar 2019.

Literatur

Benz, Wolfgang: Theresienstadt. Eine Geschichte von Täuschung und Vernichtung, München 2013.

Berger, Joel: Gesetz – Ritus – Brauch. Einblicke in jüdische Lebenswelten, Heidelberg 2019.

Friedländer, Saul u. a.: Ein Verbrechen ohne Namen. Anmerkungen zum neuen Streit über den Holocaust, München 2022.

Gronner, Sam A.: Loss & Legacy. The Half-Century Quest to Reclaim a Birthright Stolen by the Nazi, Englewood Cliffs (N. J.) 2020.

Handelsverband Deutschland (Hg.): Kaufen. Eine kleine Kulturgeschichte des modernen Einzelhandels in Deutschland, München 2019.

Kaplan, Marion (Hg.): Geschichte des jüdischen Alltags in Deutschland. Vom 17. Jahrhundert bis 1945, München 2003.

Leo, Annette/ Reif-Spirek, Peter (Hg.): Widerspruchsvoller Neubeginn. Ostdeutsch-Jüdische Geschichten nach 1945, Erfurt 2022.

Lidegaard, Bo: Die Ausnahme. Oktober 1943: Wie die dänischen Juden mithilfe ihrer Mitbürger der Vernichtung entkamen, München 2013.

Liesenberg, Carsten: Zur Geschichte der Juden in Mühlhausen und Nordthüringen und die Mühlhäuser Synagoge (Mühlhäuser Beiträge; Sonderheft 11), Mühlhausen 1998.

Liesenberg, Carsten/ Stein, Harry (Hg.): Deportation und Vernichtung der Thüringer Juden 1942 (Quellen zur Geschichte Thüringens; 39), Erfurt 2012.

Litt, Stefan: Die Juden der schwarzburgischen Territorien im Mittelalter und in der Frühen Neuzeit, in: Beiträge zur Geschichte der Juden Schwarzburgs (Juden in Schwarzburg; 1), Dresden/ Sondershausen 2006.

Maser, Peter: Helmut Eschwege. Ein Historiker in der DDR, in: Horch & Guck 44(2003), S. 21–23.

Meyer, Michael A. (Hg.): Deutsch-jüdische Geschichte in der Neuzeit, 4 Bde., München 2000.

Mittelsdorf, Harald (Red.): Zwischen Mitgestaltung und Ausgrenzung. Jüdische Abgeordnete und jüdisches Leben als Thema in Thüringer Parlamenten, Weimar 2007.

Mosse, Werner E. (Hrsg.): Entscheidungsjahr 1932. Zur Judenfrage in der Endphase der Weimarer Republik, Tübingen 1966.

Mötsch, Johannes: Jüdische Siedlung in Thüringen, in: Heimat Thüringen 27(2020)2, S. 4–6.

Mühlfelder, Ludwig: Weil ich übriggeblieben bin. Ein jüdisches Überlebensschicksal aus Suhl in Thüringen und Amerika 1924–1994, Konstanz 1995.

Nothnagel, Hans (Hrsg.): Juden in Südthüringen – geschützt und gejagt. 6 Bde., Suhl 1998.

Offenberg, Ulrike: »Seid vorsichtig gegen die Machthaber«. Die jüdischen Gemeinden in der SBZ und der DDR 1945–1990, Berlin 1998.

Puschner, Uwe u. a. (Hg.): Handbuch zur »Völkischen Bewegung« 1871–1918, München 1996.

Raßloff, Steffen: Der »Mustergau«. Thüringen zur Zeit des Nationalsozialismus, München 2015.

Reeken, Dietmar von: Das Kaiserreich, Erfurt 2017.

Schäfer, Michael: Geschichte des Bürgertums. Eine Einführung, Köln/Weimar/Wien 2009.

Schüler, Thomas: Das Wiedergutmachungsgesetz vom 14. September 1945 (Thüringen. Blätter zur Landeskunde), Erfurt 2008.

Schulz, Ulrike: Simson. Vom unwahrscheinlichen Überleben eines Unternehmens 1856–1993, Göttingen 2013.

Schulz, Ulrike (Hg.): Die Enteignung der Firma Simson & Co, Suhl/Thüringen (1927–1935), (Quellen zur Geschichte Thüringens 37), Erfurt 2011.

Schwierz, Israel: Zeugnisse jüdischer Vergangenheit in Thüringen, Erfurt 2007.

Simon, Jakob: Ein jüdisches Leben in Thüringen. Lebenserinnerungen bis 1930, Köln 2009.

Slivi, Judy: Die jüdische Gemeinde Gotha, in: Heimat Thüringen 27(2020)2, S. 18–20.

Spannuth, Jan Philipp: Rückerstattung Ost. Der Umgang der DDR mit dem »arisierten« Eigentum der Juden und die Rückerstattung im wiedervereinigten Deutschland, Essen 2007.

Stadtarchiv Jena (Hrsg.): Jüdische Lebenswege in Jena. Erinnerungen, Fragmente, Spuren, Jena 2015.

Stein, Harry: Juden in Buchenwald. 1937–1942, Weimar 1992.

Steininger, Rolf: Die Gründung des Staates Israel. 14. Mai 1948, Erfurt 2023.

Waßmer, Jörg: Sammlung Familien Heilbronner/ Weil, Berlin 2019 [Einleitungstext Findbuch Archiv Jüdisches Museum Berlin, Bestand: Konvolut/532 Inv.Nr. 2019/149/1-465; 2019/154/0; 2019/155/1-10]

Wenzel, Matthias (Red.): Spuren jüdischen Lebens in Gotha, Gotha 2021.

Zahradnik, Marie-Luis: Vom reichsstädtischen Schutzjuden zum preußischen Staatsbürger jüdischen Glaubens: Chancen und Grenzen der Integration der Nordhäuser Juden im 19. Jahrhundert, Nordhausen 2018.

Zucht, Olaf: Die Geschichte der Juden in Erfurt von der Wiedereinbürgerung 1810 bis zum Ende des Kaiserreiches. Ein Beitrag zur deutsch-jüdischen Geschichte Thüringens, Erfurt 2001.

Zuckermann, Moshe (Hg.): Zwischen Politik und Kultur – Juden in der DDR (Tagungsbände des Instituts für deutsche Geschichte der Universität Tel Aviv; 1), Göttingen 2002.

Online-Ressourcen

Alicke, Klaus: Aus der Geschichte der jüdischen Gemeinden im deutschen Sprachraum, https://www.jüdische-gemeinden.de/index.php

Bełżyce. Die jüdische Gemeinde. Geschichte, https://sztetl.org.pl/de/node/137051 (übersetzt mit DeepL).

Brown, David: Simson – ein jüdischer Name und ein Zeichen für Qualität in der Produktion https://sharedhistoryproject.org/essay/simson-a-jewish-name-and-a-mark-of-quality-in-manufacturing.

Fenyes, Gabriela: Singer, Günter, in: Das jüdische Hamburg. Ein historisches Nachschlagewerk. https://www.dasjuedischehamburg.de/inhalt/singer-g%C3 %BCnter

Erinnerungsort Topf & Söhne, Erfurt: Interview mit Wolfgang Nossen, https://www.topfundsoehne.de/ts/de/bildung_forschung/interviews-mit-ueberlebenden/wolfgang_nossen/index.html

Hahn, Joachim: Alemannia Judaica, https://www.alemannia-judaica.de/index.htm

Wikipedia-Einträge, https://de.wikipedia.org/wiki/Wikipedia:Hauptseite

Benutzte Archive

Bundesarchiv: Stasi-Unterlagen-Archiv, Erfurt

Central Archives for the History of the Jewish People, Jerusalem (online)

Landesarchiv Thüringen, Hauptstaatsarchiv Weimar und Staatsarchive Rudolstadt und Meiningen

Stadtarchive von Gera, Gotha, Ilmenau, Jena u. a.